典藏版

直笔巨献

直笔体育百科系列

你好，欧洲杯

UEFA EURO 2024

王正坤▷著

GERMANY

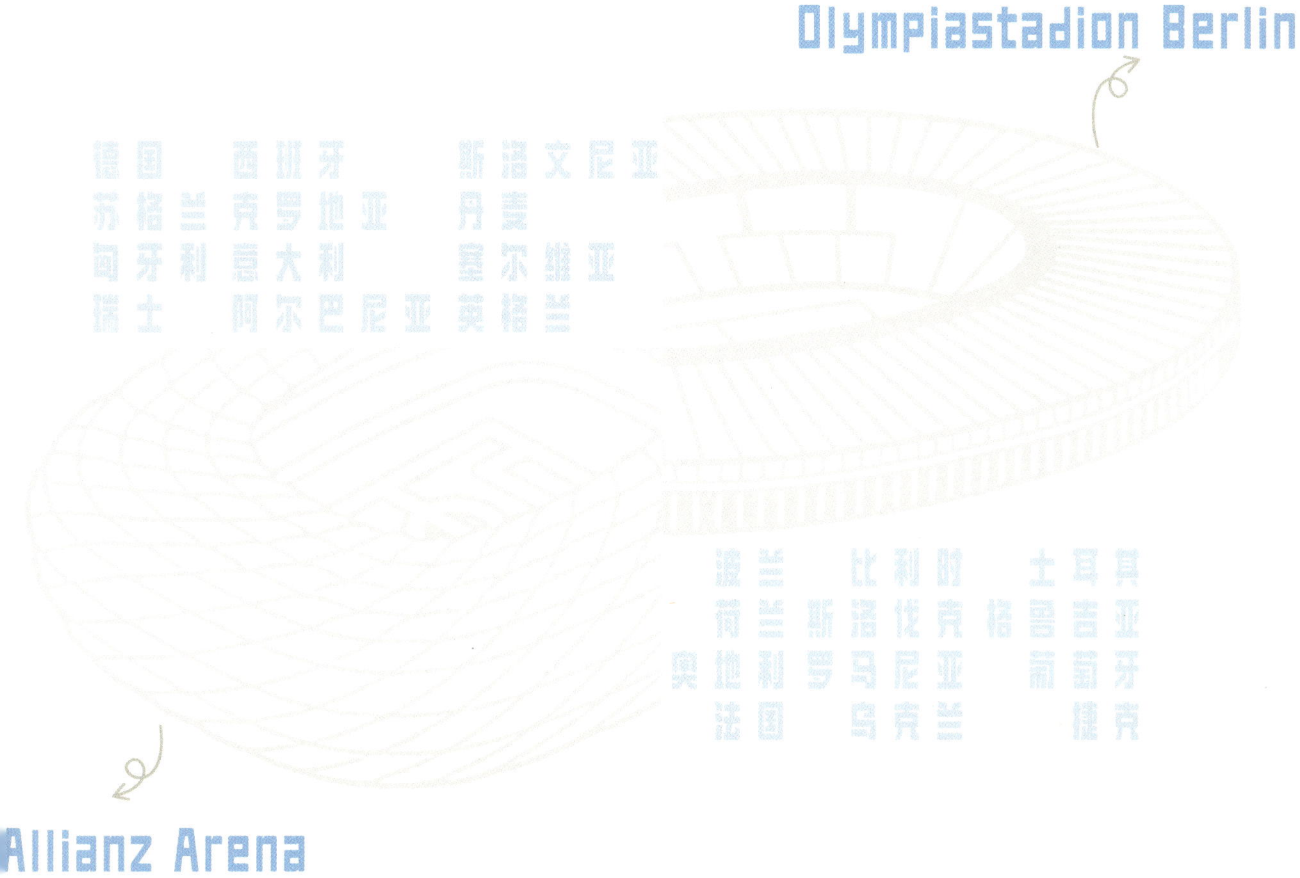

北京时代华文书局

图书在版编目（CIP）数据

你好，欧洲杯 / 王正坤著 . -- 北京 : 北京时代华文书局 , 2024.5（2024.5 重印）
ISBN 978-7-5699-5468-5

Ⅰ . ①你… Ⅱ . ①王… Ⅲ . ①足球运动－杯赛－欧洲 Ⅳ . ① G843.732

中国国家版本馆 CIP 数据核字 (2024) 第 075885 号

NIHAO OUZHOUBEI

出 版 人：陈　涛

选题策划：董振伟　直笔体育
责任编辑：马彰羚
执行编辑：孙沛源
责任校对：李一之
装帧设计：严　一　王艾迪
责任印制：訾　敬

出版发行：北京时代华文书局 http://www.bjsdsj.com.cn
北京市东城区安定门外大街 138 号皇城国际大厦 A 座 8 层
邮编：100011　电话：010-64263661　64261528
印　　刷：河北京平诚乾印刷有限公司
开　　本：787 mm×1092 mm　1/16　成品尺寸：185 mm×260 mm
印　　张：14　字　　数：297 千字
版　　次：2024 年 5 月第 1 版　印　　次：2024 年 5 月第 3 次印刷
定　　价：88.00 元

本书图片由视觉中国提供。

序一

我们与梦的距离

文/刘晶捷　《足球周刊》前总编辑，资深足球评论员

我对于王正坤这个名字的印象，一开始仅限于传说：比如北京高考排名前50名的优等生，比如从中学就定下要当足球解说员的目标并苦练播音，又比如年纪轻轻就已经在世界杯现场采访等等。后来发现他的微博名是“说球之王正坤”，觉得他很是张狂。

在我还是足球媒体人的那十几年里，选拔新人的标准从来都不是学历，而是爱好与热情。如今忽然蹦出来一个对足球充满热情，做起事来活力满满，又早早开始为了进军解说行业而苦练播音基本功的“学霸”，我除了感慨年轻真好之外，也开始为自己将来的饭碗担心。

后来，我借着解说欧洲联赛的机会，第一次和这个“狂妄”的小伙儿搭档，才发现他本人其实和狂妄不怎么搭界，他给人的真实印象是谦逊、诚恳与好学。而且和十几年前的那一代中小学足球爱好者一样，他也被我曾经编辑出版过的那些足球期刊与书籍弄走了不少零花钱。应该也是从那时候起，少年王正坤又立下了自己写足球类图书、自己制作大赛刊物的新目标——看起来北京孩子的课余时间比我当年还要宽裕，我到了高二、高三时，只能偶尔打开电脑玩几小时足球游戏。

在足球圈和我一样乐于搜集整理名单资料的同好并不多，王正坤肯定是一个。过去的若干年里，他把工作之余的大量时间都花在了自制国际大赛秩序册上，每逢预选赛开打，他就在工作之余同步更新各支球队的名单，琢磨球队的新阵容和新阵形，整理球员照片和文字资料，甚至还要为了更贴近官方球衣号码字体而单独购买字库。等到国际大赛开打前，他的秩序册也制作完成，然后自己找印刷厂印几十本赠送给媒体同行，虽然费时费力费钱，但他单纯就是享受这个过程。

2004年欧洲杯，是克里斯蒂亚诺·罗纳尔多的第一届欧洲杯，没想到他在2024年还能继续参加；同样，2004年也是我作为媒体从业者第一次报道欧洲杯，并第一次推出了相关的赛事特刊，想必那也是王正坤儿时的读物之一；现如今，王正坤的《你好，欧洲杯》也已完工，这本书承载着这个年轻人关于足球的梦想。也是在2024年，我为了延续自己的梦想，放弃了很多东西，跑到离家2000千米外的南方城市，开始了人生第三段与真人足球经理有关的故事。大家都还在努力追梦。

在中国搞足球，很多时候都不会是轻松愉悦的事情，但对于那些把热爱融入其中并视之为梦想的人来说，总能在里面找到等待已久的快乐。

你好，欧洲杯；加油，王正坤。

序二
看欧洲杯，你需要这本《你好，欧洲杯》

文/克韩　足球评论员

王正坤是我的同事，我们经常一起合作。

一般球迷不知道的是，他在公司还负责给我们这些解说员每周发送英超官方统计的各队数据。这些统计数据，对于我们解说英超非常有帮助。

在解说员中，我应该是特别喜欢分析数据信息的一个，王正坤也是。所以我们平时是交流统计数据最多的。从日常工作接触中，我可以清晰地感受到王正坤对足球的热爱。事实上，作为一个“学霸”，不是出于对足球的热爱，也许他也不会选这条其实已经正在走向夕阳、经济上并不合算的道路。

我说足球运动正在走向夕阳，是因为现在看球的年轻人越来越少了。我记得当年还在其他地方解说足球的时候，中场休息时，看到导播、技术都在看游戏的直播，我当时就感叹足球运动衰落了，因为早个十年，中场休息时大家在看的都是比赛回放。也因为这个残酷的现实，所以国际足联主席詹尼·因凡蒂诺要想各种怪招，皇马主席弗洛伦蒂诺·佩雷斯要搞超级联赛，杰拉德·皮克要搞他的国王联赛。

所以，如果不是出于热爱，王正坤不会和我们这些足球辉煌时代的“遗物”厮混在一起。他喜欢的球队是狼队，这正是我们当年设想的足球全面普及后的多元兴趣时代：看英超的球迷，不再只喜欢曼联、利物浦、曼城、阿森纳、切尔西、托特纳姆热刺这些强队，也会喜欢伯恩茅斯、阿斯顿维拉、埃弗顿和狼队这些极具个性的球队。

但我对足球的前景依然有一些可能过于乐观的希望：每一届国际大赛，都会成为新球迷成长的好机会；那些曾经让我们血脉偾张的精彩场面，那些奔跑、脱衣庆祝，也依然会唤醒年轻一代的激情。他们会从此迷上足球，成为新的球迷，从喜欢一个国家队，到喜欢一个俱乐部，从四年或两年看一次国际大赛，到每个周末都坐在电视机前、电脑旁……球迷，永远会有，哪怕不再随处可见。

四年一度的欧洲杯，足够重大，会在一个月内成为全民话题，是大家闲下来在饮水机前交流时的最佳切入点。作为资深球迷，你需要这本《你好，欧洲杯》，因为它能让你在和其余球迷的对话中掌握足够丰富的战术和人物知识；如果你是新球迷，那你就更需要这本书了，因为它能迅速帮助你进入状态。

我还想把这本书特别推荐给那些已为人父、为人母的球迷。最近看《泰晤士报》，著名体育专栏作者马修·萨义德说，他的专栏里只提到了一段和孩子一起看球的经历，结果意外引发了读者的热烈反响。很多爸爸妈妈和孩子一起回忆了第一次去现场看球的经历，并且认为那是维护亲情的时刻，很多年后依然被镌刻在记忆中。

如果你是一个球迷，你也希望孩子传承你对足球的兴趣，你会尝试和孩子一起看一届欧洲杯或者世界杯，那么你可以在不经意间把这本《你好，欧洲杯》递给孩子，让他了解他父母的所喜所悲，让他和父母一起为球队、为球员的精彩表现欢呼或哭泣，你们的纽带将会更加紧密，就像在晚风中和孩子一起在路边吃一个冰激凌。

看欧洲杯，你需要这本《你好，欧洲杯》。

序三

我与欧洲杯的八年之约

文/王正坤

欧洲杯这项赛事，对于每个足球迷来说，或许都有着不同的意义。对于我来说，它见证了我成为一个足球从业者的开端，因此这本书既献给所有喜爱欧洲杯、喜爱足球的人，也让我完成了一个等待8年的梦想。

我第一次看欧洲杯是在2004年，在电视机前亲眼见证了克里斯蒂亚诺·罗纳尔多的眼泪，而在20年之后，他将成为历史上首位第6次参加欧洲杯的球员，属于他的传奇故事将继续在欧洲杯的舞台上上演。

我第一次参与欧洲杯报道是在2016年，那是欧洲杯第一次扩军为24支球队，我用一本完全利用大学课余时间撰写的《24支球队分析报告》换得了一个实习的机会，那本还很稚嫩的自制书籍，其实就是各位手中这本《你好，欧洲杯》的框架雏形。

入行8年，当欧洲杯再一次来到我的面前，我希望通过这样的一本制作精良的书，让大家在观看比赛前就可以对24支球队了如指掌、如数家珍。至少对于我而言，这种感觉会让我无比兴奋，让我对那即将开幕的盛会又多了几分期待。

国家队比赛在足球世界里是一个很特殊的存在，每年5个国家队比赛日，每支国家队的比赛少则几场，多则十几场，且绝大多数的比赛时间对于中国球迷来讲都并不友好。所以哪怕是最为资深的球迷，想要了解欧洲杯每支参赛球队的情况也并不现实。这本《你好，欧洲杯》，就是一种让大家方便快捷且完整地获得这些信息的途径。

为了《你好，欧洲杯》的撰写，欧洲杯24支球队自2022年世界杯之后的每一场比赛，我都看了直播或者录播。在这样的过程中，每名国家队主帅的战术打法、执教思路，就通过我的眼睛转化为了这本书上的文字，特伦特·亚历山大-阿诺德在英格兰队担任后腰，威廉·萨利巴在法国队难以获得登场时间，阿尔瓦罗·莫拉塔已经成为西班牙队新任队长，一个个可能平常鲜少有人注意到，但对欧洲杯比赛却极其重要的信息都会呈现在《你好，欧洲杯》的篇章中。

当然《你好，欧洲杯》绝不仅仅聚焦于强队，第一次打进欧洲杯正赛的格鲁吉亚队，绝不只有赫维恰·克瓦拉茨赫利亚；时隔24年回归欧洲杯正赛的斯洛文尼亚队，绝不只有奥布拉克；时隔8年回归欧洲杯正赛的罗马尼亚队和阿尔巴尼亚队，也拥有像斯坦丘和阿斯拉尼这样的球员，关于这些球队的翔实内容同样可以在《你好，欧洲杯》中一一获取。

除了24支球队的介绍之外，在《你好，欧洲杯》中还有欧洲杯历史50大球星的额外内容。从1960年开始，16届欧洲杯在64年的历史上留下了太多的故事，从米歇尔·普拉蒂尼到克里斯蒂亚诺·罗纳尔多，从列夫·雅辛到詹路易吉·唐纳鲁马，每位球星都有着独属于自己的欧洲杯经历。通过他们的故事，我们可以勾勒出欧洲杯那璀璨的历史长河。今年会写下怎样的新篇章，就需要大家在看完这本书之后，与我一起在6月去见证了！

友情提示

1. 欧洲足球锦标赛　为方便读者阅读，以及符合日常描述习惯，简称欧洲杯。其中原定于2020年举办的第16届欧洲杯，改为2021年举行。为方便阅读，本书统称为2020欧洲杯，单独年份时间叙述时，写为2021年。其他情况则正常描述，如1996年欧洲杯、2004年欧洲杯。

2. 国际足球联合会世界杯　为方便读者阅读，以及符合日常描述习惯，简称世界杯。

3. 欧洲国家联赛　为方便读者阅读，以及符合日常描述习惯，简称欧国联。

4. 法国国家男子足球队　为方便读者阅读，以及符合日常描述习惯，简称法国队。其他情况以此类推，如德国队、英格兰队、意大利队等。

5. 欧洲冠军联赛　前身为欧洲冠军俱乐部杯，为方便读者阅读，以及符合日常描述习惯，简称欧冠。

6. 英格兰足球超级联赛　为方便读者阅读，以及符合日常描述习惯，简称英超。其他情况以此类推，如西甲、意甲、德甲等。

7. 曼彻斯特联足球俱乐部　为方便读者阅读，以及符合日常描述习惯，简称曼联。其他情况以此类推，如曼城、皇马、巴萨、尤文、国米、拜仁等。

8. 克里斯蒂亚诺·罗纳尔多　为方便读者阅读，以及符合日常描述习惯，简称C罗。其他情况以此类推，如B费、B席等。

9. 本书所有数据、球员伤病等情况，截至2024年3月31日。

10. 本书描述阵形的方式分两种：队史最佳阵容和阵形图中，统一使用带“-”的格式，例如“4-4-2”等；其他描述中统一采用不带“-”的格式，如“442”阵形等。

11. 本书中的时间均为北京时间。

目录

开篇

A组

B组

C组

开篇

来了，德国欧洲杯

2021年7月12日，伴随着英格兰队的布卡约·萨卡罚出的点球被意大利队门将詹路易吉·唐纳鲁马拒之门外，这届推迟了一年举办的特殊的欧洲杯，终于在温布利球场落下帷幕。

短短3年之后，欧洲足球的盛宴将再度拉开帷幕，对于“百废待兴”的德国队来讲，这是一届机遇与挑战并存的欧洲杯，但对于德国这个国家来说，2006年世界杯的“遗产”，让盛宴的成功举办似乎变得理所当然。

10个城市的10座球场，其中有9座都承办过2006年世界杯，无论是柏林奥林匹克体育场的蓝色跑道，还是安联球场的绚丽霓虹，这些留存在我们心中的印记，在2024年的夏天都将被再度找回。

24支欧洲顶尖的国家队，只为争夺那唯一的冠军荣耀。

英格兰队将继续向球队历史第一座欧洲杯冠军奖杯发起冲击。3年前的伦敦，一步之遥的遗憾让英格兰队的拥趸扼腕叹息，现如今，伴随着祖德·贝林厄姆以及萨卡等新生力量的飞速成长，冠军将是这支球队唯一的目标。

英格兰队最大的对手，毫无疑问就是基利安·姆巴佩领衔的法国队。法国队连续两届世界杯闯进决赛，其实力毋庸置疑。3年前法国队爆冷出局，姆巴佩在4场比赛中表现低迷，第一次参加欧洲杯的不甘经历，或许时至今日仍是他尚未解开的心结。3年之期已到，复仇的日子就在眼前。

新王尚未登基，而曾经的王者也依旧没有停止努力。对于葡萄牙队的灵魂人物克里斯蒂亚诺·罗纳尔多来讲，第6次踏上欧洲杯的赛场，他身上依旧充斥着仿若20年前的欲望。匆匆20年，弹指一挥间，克里斯蒂亚诺·罗纳尔多在欧洲杯上的故事还将继续上演。

上届欧洲杯冠军意大利队与在2023年拿下欧国联冠军的西班牙队，虽然这两支球队并非最被人们看好，但已经登上王座的人又岂会轻易地把王冠摘下。荷兰队和比利时队也具备不俗的实力，但同样在2023年经历换帅的这两支球队，都还需要更多的检验。

欧洲杯从来不缺黑马，丹麦队与捷克队在2020欧洲杯上都给我们留下过深刻的印象，而本届欧洲杯唯一的新军，克瓦拉茨赫利亚领衔的格鲁吉亚队也期待着能够一鸣惊人。而在更多的人看来，索博斯洛伊领衔的匈牙利队或许有在本届杯赛中惊艳世人的潜质，2020欧洲杯小组赛鏖战法国队、德国队和葡萄牙队三大豪强的场景还历历在目，2022年欧国联客场4：0横扫英格兰队更是让人们对这支球队的期待值更上一层楼。

欧洲杯从来不缺新星，2020欧洲杯，来自英格兰队的贝林厄姆和来自波兰队的卡斯帕·科兹沃夫斯基连续打破欧洲杯历史最年轻登场球员的纪录。在2024年，更多的青年才俊将把欧洲杯作为他们成名之路上的第一个国际大赛舞台，“2005后”的年轻人将第一次出现在欧洲杯的赛场，拉明·亚马尔、保·库巴西、沃伦·扎伊尔-埃梅里……或许在20年之后，我们还会对他们在2024年的第一次国际大赛之旅津津乐道。

欧洲杯从来不缺故事，“死亡之组”的剧情依旧在上演，从预选赛让2020欧洲杯的冠、亚军同处一组，再到正赛让2022—2023赛季欧国联的冠、亚、季军再度相遇，剪不断、理还乱的恩怨情仇将在2024年写下新的篇章。

欧洲杯就像一部大戏，而《你好，欧洲杯》就如同在大幕拉开之前分发到您手中的演员表和节目单，究竟剧情如何，让我们一同期待德国6月盛夏的精彩！

纵览诸强

名称	世界排名	球队身价	出线概率	夺冠概率
德国队	16	6.70亿欧元	91.3%	11.8%
苏格兰队	34	2.27亿欧元	55.9%	1.5%
匈牙利队	27	1.66亿欧元	53.8%	0.9%
瑞士队	19	2.23亿欧元	62.5%	1.8%
西班牙队	8	9.06亿欧元	88.1%	10.0%
克罗地亚队	10	2.86亿欧元	72.3%	2.4%
意大利队	9	7.57亿欧元	84.3%	6.3%
阿尔巴尼亚队	64	1.23亿欧元	25%	0.1%
斯洛文尼亚队	55	1.30亿欧元	41.1%	0.3%
丹麦队	21	3.68亿欧元	70.1%	2.4%
塞尔维亚队	32	2.27亿欧元	58.9%	1.4%
英格兰队	3	15.70亿欧元	92.6%	16.7%

世界排名：截至2024年3月31日。
球队身价：参考多家权威媒体数据得出。
出线概率：以小组为单位，百分比越高表示小组出线机会越大，仅供参考。
夺冠概率：所有参赛球队夺冠概率相加为100%，夺冠概率越高，表示夺冠希望越大，仅供参考。

续表

名称	世界排名	球队身价	出线概率	夺冠概率
波兰队	30	1.99亿欧元	41.1%	1.0%
荷兰队	6	6.10亿欧元	78.3%	5.6%
奥地利队	25	2.65亿欧元	48.6%	1.2%
法国队	2	12.10亿欧元	91.3%	16.2%
比利时队	4	5.40亿欧元	91.3%	6.3%
斯洛伐克队	48	1.26亿欧元	48.6%	0.1%
罗马尼亚队	45	9583万欧元	57.8%	0.4%
乌克兰队	24	3.54亿欧元	62.5%	1.0%
土耳其队	35	3.03亿欧元	73.2%	1.8%
格鲁吉亚队	77	1.50亿欧元	41.1%	0.1%
葡萄牙队	7	10.60亿欧元	92.6%	10.0%
捷克队	40	1.46亿欧元	53.8%	0.7%

盛宴看点

最后一舞

“天下没有不散的筵席！”对于39岁的C罗来说，2024年欧洲杯毫无疑问将是他的最后一届欧洲杯。从2004年到2024年，C罗将成为历史上第一位连续6次参加欧洲杯的球员，并且他也将有机会去冲击连续6届欧洲杯都有进球的纪录。作为葡萄牙队的精神领袖和预选赛的头号射手，C罗依旧在葡萄牙队发挥着举足轻重的作用。C罗在欧洲杯上已经打进14球，位列历史第一，本届赛事C罗将继续刷新属于自己的纪录，并且冲击自己的第二座欧洲杯奖杯。

“魔笛”告别

在2022年卡塔尔世界杯上，尽管莫德里奇拼尽全力，但克罗地亚队还是被挡在了决赛大门之外。在2022—2023赛季欧国联上，克罗地亚队尽管跟西班牙队鏖战120分钟，但最终却遗憾地倒在了12码点上。对于莫德里奇来说，留给他去带领克罗地亚队冲击球队历史第一座冠军奖杯的机会已经不多了，2024年欧洲杯，或许真的是最后一次了。虽然克罗地亚队在预选赛踢得磕磕绊绊，是最后一支通过预选赛惊险晋级的球队，但过往几届大赛证明，没有任何对手可以在决赛圈轻视莫德里奇领衔的克罗地亚队，2024年，莫德里奇的最后一届欧洲杯会发生奇迹吗?

新王冲击

在2022年世界杯上，姆巴佩再度用极致的个人表演征服了全球观众，证明了自己在新一代球星中的绝对地位。在哈兰德再度无缘欧洲杯的情况下，2024年欧洲杯将是姆巴佩彻底奠定后“梅罗”时代格局的机会。姆巴佩在2020欧洲杯发挥不佳，法国队意外地早早出局，2024年欧洲杯对于姆巴佩个人来讲也是雪耻之战。在雨果·洛里斯退出法国队之后，姆巴佩已经成为法国队的新队长。作为本届欧洲杯的夺冠热门球队之一，法国队如果能时隔24年再度问鼎，那么同时坐拥世界杯和欧洲杯冠军的姆巴佩将正式宣告足坛新时代的到来。

金靴之争

在欧洲杯预选赛中，C罗9场比赛打进10球，姆巴佩8场打进9球，两人都展现出了极高的进球效率，也都是本届欧洲杯金靴奖的有力争夺者。但是要说在预选赛发挥最为出色的前锋，莫过于8场打进14球的卢卡库，他不仅是本届欧洲杯预选赛进球最多的球员，更是打破了单届欧洲杯预选赛的进球纪录。在经历了2022年世界杯的铩羽而归和口诛笔伐之后，卢卡库将以出色的状态向欧洲杯金靴奖发起冲击，但能对他形成威胁的也绝不只有C罗和姆巴佩，凯恩等超级射手同样是欧洲杯金靴奖的有力争夺者。

新帅大考

在欧洲杯的传统强队之中，除了法国队和英格兰队，其余的球队相比于2020欧洲杯都进行了换帅，其中有些人带队表现出色，比如葡萄牙队的新帅马丁内斯就率领球队取得了预选赛全胜的佳绩；比如西班牙队新帅德拉富恩特帮助球队拿到了2022—2023赛季欧国联的冠军。而有些人则备受质疑，比如德国队新帅纳格尔斯曼，上任之后球队仍遭遇连败，并没能改变德国足球近年来的颓势；比如荷兰队的新帅罗纳德·科曼，虽说他是再度执教球队，但是在预选赛带队的历程磕磕绊绊，加上在2022—2023赛季欧国联淘汰赛作为东道主球队却铩羽而归。但无论此前的带队表现是好还是坏，对于这些新帅来说，欧洲杯才是等待着他们最重要的大考。

“死亡之组”

本届欧洲杯，B组是公认的“死亡之组”，2020欧洲杯冠军意大利队，2022—2023赛季欧国联冠军西班牙队，同时拿到2022年世界杯季军和2022—2023赛季欧国联亚军的克罗地亚队，再加上在预选赛发挥出色的阿尔巴尼亚队，这个小组的“死亡”气息不亚于2020欧洲杯中由法国队、德国队、葡萄牙队和匈牙利队组成的小组。意大利队和西班牙队在2020欧洲杯半决赛和此后两届欧国联的半决赛都曾相遇，而2022—2023赛季欧国联决赛西班牙队力压克罗地亚队问鼎，三支球队之间的关系剪不断、理还乱，而在预选赛表现出色的阿尔巴尼亚队，也有足够的实力像2020欧洲杯的匈牙利队一样成为“死亡之组”的搅局者。

卫冕之路

意大利队虽然夺得2020欧洲杯冠军，但是在近几年遭遇了阵容青黄不接且战绩起伏不定的情况，如果说无缘2022年世界杯是沉重打击，那功勋主帅曼奇尼的离任可以说是伤筋动骨。虽然新帅斯帕莱蒂在2022—2023赛季带领那不勒斯拿到意甲冠军，但是如今意大利队的阵容班底却无法复制斯帕莱蒂在那不勒斯的成功经验，预选赛艰难的出线历程就证明意大利队在实力上早已不再具备2020欧洲杯夺冠的水准。基耶利尼和博努奇等功勋老将不在，顶上来的年轻人还需要成长和磨炼，2024年欧洲杯对于意大利队来说，想再铸辉煌确实无比艰难。

新军登场

地理意义上处于亚洲的格鲁吉亚队，在2024年将第一次出现在欧洲杯正赛的舞台上，格鲁吉亚队也是本届欧洲杯24支球队当中唯一的新军。2020欧洲杯预选赛附加赛，格鲁吉亚队不敌北马其顿队无奈出局，而4年之后这支球队终于在克瓦拉茨赫利亚的带领下圆了这个梦想。对于38岁的老队长贾巴·坎卡瓦、36岁的副队长古拉姆·卡西亚来说，能在职业生涯的暮年第一次代表格鲁吉亚队参加欧洲杯，让他们长达十几年的坚持终于得到了回报。所有的格鲁吉亚人都在等待着6月格鲁吉亚国歌第一次在欧洲杯舞台上奏响的时刻。

“三狮军团”

在欧洲杯的历史上，已经产生过10支不同的冠军球队，但作为来自现代足球发源地的球队，英格兰队迄今为止还没有获得过欧洲杯的冠军。在2020欧洲杯上，英格兰队曾无比接近自己的梦想，但是最终还是饮恨于点球大战。现如今的英格兰队群星璀璨，在2020欧洲杯上曾打破欧洲杯历史最年轻出场球员纪录的贝林厄姆，现如今已经成为可以独当一面的顶级球星。再加上状态正佳的队长凯恩，辅以萨卡、赖斯等优质球员，英格兰队已经成为本届欧洲杯的夺冠热门球队，欧洲杯历史上的第11支冠军球队，或许就是英格兰队。

“破碎战车”

德国队自从2017年联合会杯夺冠之后，无论是世界杯、欧洲杯还是欧国联，便再也没有赢过哪怕一场淘汰赛，2020欧洲杯的16强，已经是德国队近6年以来最好的战绩。从勒夫到弗利克，再到现在的纳格尔斯曼，似乎都无法将这辆“破碎战车”拉出泥潭。对于德国队来说，唯一感到欣慰的就是队员可以在自己熟悉的球场里比赛，作为东道主球队可以获得更多球迷的支持。但相应地，如果德国队还像2018年和2022年世界杯那样耻辱性地小组出局，那么等待着这支球队的只能是口诛笔伐。

而立圆梦

对于31岁的斯洛文尼亚队门将奥布拉克来说，这是他第一次踏上欧洲杯的赛场。斯洛文尼亚队上一次参加欧洲杯要追溯到遥远的2000年，上一次参加国际大赛也是14年前的2010年世界杯。对于奥布拉克和他的队友来说，2024年欧洲杯是他们的第一次大赛之旅，是一次全新的体验。斯洛文尼亚是一个盛产优质门将的国家，在斯洛文尼亚队冲击2016年欧洲杯失败、萨米尔·汉达诺维奇退出国家队后，奥布拉克才获得了稳定的主力位置，对于在而立之年圆梦的奥布拉克来讲，这届欧洲杯将是弥足珍贵的机会。

弥补遗憾

对于匈牙利队的队长索博斯洛伊来说，因伤错过2020欧洲杯是他莫大的遗憾。在2020欧洲杯上，身处“死亡之组”的匈牙利队给球迷留下了深刻印象，让人们不禁畅想，如果当时匈牙利队没有失去索博斯洛伊，能否创造从“死亡之组”中突出重围的奇迹。近两年，索博斯洛伊和匈牙利队都在成长，加盟利物浦且发挥出色的索博斯洛伊已经成为一流球星，而匈牙利队更是被看作本届欧洲杯最具黑马潜质的球队，毕竟在2022—2023赛季欧国联，匈牙利队甚至可以在客场4：0击败阵容豪华的英格兰队。弥补遗憾的索博斯洛伊或许真的会带领匈牙利队重塑20世纪的辉煌。

黑马逆袭

欧洲杯向来有着诞生黑马球队的传统，像1992年欧洲杯的“丹麦童话”，像2004年欧洲杯的“希腊神话”。2016年欧洲杯的威尔士队、2020欧洲杯的丹麦队，也都是以黑马的姿态闯入四强，因此在2024年欧洲杯，哪支球队将成为黑马也是备受期待。在预选赛中，匈牙利队、土耳其队、罗马尼亚队以及阿尔巴尼亚队，这4支非传统强队都获得了小组第一的佳绩，让人们感受到了黑马诞生的前兆。在正赛的舞台上，传统豪强球队“翻车”、黑马球队逆袭的场景或许将再度出现在我们眼前。

天才少年

在2020欧洲杯上，来自英格兰队的贝林厄姆和来自波兰队的科兹沃夫斯基连续打破欧洲杯历史最年轻出场球员纪录，而在2024年欧洲杯上，这个纪录很可能将再度被打破。出生于2007年7月13日的西班牙队新星亚马尔，很有可能成为欧洲杯历史上第一位不满17岁的出场球员。亚马尔在预选赛中已经成为西班牙队的常规轮换，并且打进了自己在国家队的处子球，是西班牙队在进攻端改变战局的重要球员，对于他来讲打破纪录似乎只是时间问题。

A 组

东道主难遇阻碍，三强相争谁突围

德国

苏格兰

匈牙利

瑞士

全景瞭望

详细赛程

第1轮

开球时间	交战双方	比赛场地	观赛指数	进球展望
6月15日 03:00	德国队 VS 苏格兰队	安联球场	★★★★★	≥3
6月15日 21:00	匈牙利队 VS 瑞士队	莱茵能源球场	★★★	≤2

第2轮

开球时间	交战双方	比赛场地	观赛指数	进球展望
6月20日 00:00	德国队 VS 匈牙利队	梅赛德斯-奔驰竞技场	★★★★★	≥3
6月20日 03:00	苏格兰队 VS 瑞士队	莱茵能源球场	★★★	≥2

第3轮

开球时间	交战双方	比赛场地	观赛指数	进球展望
6月24日 03:00	苏格兰队 VS 匈牙利队	梅赛德斯-奔驰竞技场	★★★	≥3
6月24日 03:00	瑞士队 VS 德国队	商业银行竞技球场	★★★★★	≤2

观赛指数：星级越高，比赛期待精彩程度越高。综合球队实力、球星级别、历史因素等得出，仅供参考。
进球展望：综合球队特点、战术打法、历史因素等，对一场比赛的进球数进行展望，仅供参考。
红牌概率：百分比越高，表示红牌出现可能越大。综合球队防守强度、历史因素等，得出红牌概率，仅供参考。
点球概率：百分比越高，表示点球出现可能越大。综合球队防守强度、历史因素等，得出点球概率，仅供参考。
冷门指数：星级越高，比赛出现冷门结果的可能性越高。综合球队实力、球星级别、历史因素等得出，仅供参考。
比分预测：系本书编辑团队对比赛进行的娱乐性展望，仅供娱乐。
球迷预测：供本书读者对比赛比分结果进行展望。阅读与比赛预测相结合，增加阅读趣味性。

红牌概率	点球概率	冷门指数	比分预测	球迷预测
10%	60%	★★	3:1；3:0	□:□；□:□
40%	55%	★★	0:0；1:1	□:□；□:□

红牌概率	点球概率	冷门指数	比分预测	球迷预测
13%	40%	★★	3:1；4:2	□:□；□:□
55%	70%	★★★	2:1；1:1	□:□；□:□

红牌概率	点球概率	冷门指数	比分预测	球迷预测
6%	59%	★★	3:1；3:0	□:□；□:□
40%	80%	★★★★★	1:1；1:0	□:□；□:□

焦点短评

德国队VS苏格兰队

作为2024年欧洲杯的揭幕战，这场比赛必定会吸引全世界球迷的目光。东道主德国队近些年的表现着实令人大跌眼镜，在2023年的友谊赛，德国队遭遇多次连败，无论是汉斯-迪特·弗利克还是尤利安·纳格尔斯曼似乎都无法将这支昔日的豪强球队重新带回正轨。但纳格尔斯曼在2024年“拨乱反正”，托尼·克罗斯的回归和友谊赛上的连胜强敌似乎又让德国队球迷看到了希望。

德国队这样不稳定的情况让苏格兰队看到了拿分的希望，在成功打进2020欧洲杯之后，苏格兰队近些年的实力也在稳步提升。预选赛中，苏格兰队先后击败哈兰德领军的挪威队和纸面实力明显更为出色的西班牙队，拿下了五连胜，最终也将挪威队挡在了欧洲杯正赛之外。苏格兰队拥有队长安德鲁·罗伯逊在内的多名在英超效力的球员，斯科特·麦克托米奈更是在8场预选赛中打入7球，以这支球队的实力，绝对有在揭幕战掀翻德国队的可能。

德国队VS匈牙利队

德国队和匈牙利队在2020欧洲杯上曾一同身处“死亡之组”，当时的那场交锋，匈牙利队两度领先，但德国队依靠哈弗茨和戈雷茨卡顽强地两度扳平。要知道的是，那场比赛匈牙利队是缺少了当家球星多米尼克·索博斯洛伊的。而在2022—2023赛季的欧国联小组赛当中，索博斯洛伊领衔的匈牙利队面对德国队1胜1平保持不败。对于东道主德国队来讲，面对已经连续3次未能击败的匈牙利队，想要在家门口一雪前耻并不容易。

本组之星

托尼·克罗斯

出生日期：1990年1月4日

当时钟被拨回到3年前克罗斯宣布退出德国队的那一刻，想必并不会有多少人认为他会在有朝一日收回自己的决定。但现如今，德国队的8号球衣再度迎回了它最为熟悉的主人，克罗斯将第4次踏上欧洲杯的舞台。克罗斯的回归对德国队的作用也可谓立竿见影，2024年3月的两场友谊赛，德国队连克法国队和荷兰队两大强敌，两场比赛克罗斯都送出了助攻，有着上佳表现。到了欧洲杯，克罗斯的发挥将直接决定德国队在家门口究竟能走多远。

作者视角

这个小组的整体实力还是比较平均的，东道主德国队虽然是一档球队且名气最大、身价最高，但是近些年的战绩非常糟糕，在2023年的友谊赛当中，德国队先后不敌波兰队、哥伦比亚队和日本队，这也直接导致了时任主帅弗利克下课。而在纳格尔斯曼上任之后，球队一开始的表现同样没有起色，又是接连不敌土耳其队和奥地利队，但在2024年克罗斯回归之后，德国队在友谊赛先后击败法国队和荷兰队，似乎又找到了昔日的感觉。

对德国队能够形成最大威胁的，就是近几年上升势头非常迅猛的匈牙利队。2020欧洲杯，匈牙利队在缺少索博斯洛伊的情况下给德国队、法国队和葡萄牙队制造了极大的麻烦；在2022—2023赛季欧国联中，匈牙利队双杀英格兰队，面对德国队也是1胜1平。

苏格兰队虽然预选赛前期一波五连胜表现突出，但是在预选赛后期已经显出疲态，战术打法已经被对手研究得比较透彻。苏格兰队面对英格兰队、法国队以及荷兰队的友谊赛，也体现出了球队现在与顶级强队还是差距明显。而瑞士队则是四支球队中预选赛发挥最差的，阿坎吉和舍尔等后防线队员在比赛中频频犯错，在“双核”沙奇里和扎卡年龄增长之后，新生代的球员并没有展现出足够出色的实力，且心态不够好，经验比较欠缺，这也是瑞士队预选赛表现不佳且经常在80分钟之后被进球的主要原因。

综合来看，本小组德国队纸面实力占优，匈牙利队比赛状态占优，这两支球队出线的概率还是相对较大的，而苏格兰队和瑞士队也具备搅局和出线的能力，因此最后很有可能会形成非常混乱的局面。

多米尼克·索博斯洛伊

出生日期：2000年10月25日

2020欧洲杯预选赛附加赛，年仅20岁的索博斯洛伊用一记技惊四座的单骑闯关绝杀冰岛队，帮助匈牙利队晋级正赛。但随后索博斯洛伊因伤遗憾无缘正赛，因此2024年欧洲杯将是索博斯洛伊第一次为匈牙利队出战大赛。短短4年时间，他已经加盟利物浦这样的豪门球队，也已经成为匈牙利队的队长。索博斯洛伊或许一直在等待着一个机会，一个真正可以让他扬名立万的舞台，2024年欧洲杯似乎再合适不过了。

Germany
德国队

全称：德国国家男子足球队
绰号：日耳曼战车
荣誉：1954、1974、1990、2014年世界杯冠军
1972、1980、1996年欧洲杯冠军
2017年联合会杯冠军
队史最佳阵容：4-3-3
门将：曼努埃尔·诺伊尔
后卫：保罗·布莱特纳、弗朗茨·贝肯鲍尔、马蒂亚斯·萨默尔、菲利普·拉姆
中场：金特·内策尔、洛塔尔·马特乌斯、米夏埃尔·巴拉克
前锋：卡尔-海因茨·鲁梅尼格、盖德·穆勒、弗里茨·瓦尔特

球队身价：6.7亿欧元
世界排名：16
出线概率：91.3%
夺冠概率：11.8%
现任教练：尤利安·纳格尔斯曼
现任队长：伊尔卡伊·京多安
球队核心：托尼·克罗斯
第一射手：凯·哈弗茨
聚焦新星：弗洛里安·维尔茨

出线之路

2018年9月27日，欧足联宣布德国获得了2024年欧洲杯的举办权，因此德国队直接获得参赛资格，不用参加欧洲杯预选赛。

参加完2022年世界杯后，德国队一直在参加友谊赛来保持状态，但整体战绩糟糕，2023年只取得了3胜2平6负的战绩。2023年9月，原主帅弗利克被德国足协解雇，虽然之后的新帅纳格尔斯曼带队的成绩仍然有些起伏，但确实让球迷看到了一定的希望。

征战历史

首次参赛年份：1972年

晋级欧洲杯次数：14次（1972、1976、1980、1984、1988、1992、1996、2000、2004、2008、2012、2016、2021、2024年）

最好成绩：冠军（1972、1980、1996年）

预计首发

战术打法

在纳格尔斯曼接手德国队之后，“3241”阵形是他在初期主要使用的战术打法。但在球队暴露出了重大的防守问题后，纳格尔斯曼在2024年已经将德国队主打的阵形重新调整为“4231”。

在这个阵形下，德国队利用维尔茨和穆西亚拉两名兼具前腰属性的球员担任左右边前卫，所以绝大多数的进攻策动都是依靠中路和肋部的穿插跑动，对于边路的利用并不是很多，两侧的边后卫前插之后下底的尝试也要少于内收在肋部做进攻配合的次数。在这样的战术思路下，哈弗茨作为中锋不用过多地去与对方中后卫进行身体对抗和争抢高空球，而是可以频繁回撤，发挥他的脚下优势。

当然，德国队仍然保留了变阵“3241”阵形的可能性，在这个阵形下德国队会更强调边路和高中锋的作用，哈弗茨和勒鲁瓦·萨内这样的进攻型球员会在边翼卫的位置上。这个时候，高中锋尼克拉斯·菲尔克鲁格的作用也会更明显地体现出来。但是此阵形在友谊赛中暴露了极大的防守隐患，球队经常会出现身后空当暴露的情况，所以这套战术在欧洲杯期间应该只会作为需要加强进攻时的备选方案。

门将：

主力门将最有可能的人选还是诺伊尔，他虽然在2023年遭遇重伤，但伤愈复出之后很快地就找回了状态，无论是门线上的扑救反应，还是后场参与出球协助进攻，相比巅峰期实力没有明显下滑。因此马克-安德烈·特尔施特根极大概率依旧只是第二门将，虽然他在诺伊尔受伤期间一直在德国队打主力，但相比于诺伊尔，特尔施特根目前在能力上没有明显的优势，在地位和经验上则是劣势明显。第三门将的人选存在争议，老将奥利弗·鲍曼出现在纳格尔斯曼上任之后的每期名单中，是最有可能的人选。凯文·特拉普虽然在2023年获得过登场机会，但他在2024年的友谊赛被排除在外，这意味着他的能力并不被认可。其余的门将中，参加过两届欧洲杯的贝恩德·莱诺和凯文·特拉普一样只能作为主力门将伤病时的备选。而在俱乐部已经失去主力位置的雅尼斯·布拉斯维奇则可以说已经没有入选的希望了。

后卫：

中卫的组合，主力左中卫是塔，如果变阵三中卫阵形，居中和靠右的中卫他也都踢过。塔的身材高大，正面拦截的硬度和出色的防空能力是他的优点，但灵活性和速度方面不如吕迪格。所以在原先的三中卫体系下，塔经常在面对对方边锋时吃亏，而在现如今的四后卫体系中，他可以更好地规避这个弱点。吕迪格则是主力右中卫，在此前的三中卫体系里，他主打左中卫。吕迪格的运动能力相对来说是防线上最出色的，他在防守端更多地依靠机动性进行上抢和补位，给他变到右中卫的位置，也是因为右后卫基米希进攻中压上次数较多，在这一侧吕迪格可以更好地为基米希补位。而且相比于塔，吕迪格在进攻中也要承担更多的后场带球推进的工作，来弥补靠右的后腰安德里希在进攻组织能力方面的缺失。

替补中卫现在悬念较大，2024年首次入选德国队的瓦尔德马尔·安东是最可能入选的球员，纳格尔斯曼看中了他的多面手属性，除了中后卫，安东也可以在需要加强防守时打右后卫或者后腰的位置。参加过2020欧洲杯的罗宾·科赫暂时顺位落后，相比于安东，科赫不具备右后卫属性，而且在友谊赛也没有获得登场时间。因此马茨·胡梅尔斯和尼克拉斯·聚勒也都还有竞争机会。胡梅尔斯是纳格尔斯曼当初为三中卫阵形重新征召的球员，在争顶以及拦截方面，胡梅尔斯在经验的加持下依旧非常稳健。但他的运动能力与巅峰期相比确实有下滑，面对有较强灵巧性的前锋时会比较吃亏，这些弱点在四后卫体系里会暴露得更明显。聚勒则是因为在2023年友谊赛的糟糕表现失去了纳格尔斯曼的信任，不过这两人的丰富经验还是让他们拥有挤掉安东和科赫的机会。2023年友谊赛使用过的另一名主要的替补中卫马利克・佳夫入选的希望就相对比较小了，他本赛季因为长期伤病而错过了重要的友谊赛机会，且佳夫的经验和出球能力也还稍显欠缺。此外的中后卫，像参加过2022年世界杯的尼科・施洛特贝克、马蒂亚斯・金特尔、蒂洛・克雷尔和卢卡斯・克洛斯特曼，在纳格尔斯曼上任后均没有再入选过德国队，参加欧洲杯的希望都已比较渺茫了。

主力左后卫是2024年首次入选德国队的米特尔施泰特，他在进攻端展现了不错的冲击力和远射能力，但在防守端的位置感和后场出球的选择还比较容易出现失误，相对来讲他是防线中隐患较大的球员。替补人选是达维德・劳姆，虽然纳格尔斯曼对他并不信任，但是在现在以四后卫体系为主打阵形的情况下，劳姆对于这个体系的适应程度明显强过此前三中卫体系下的主力左边翼卫罗宾・戈森斯。戈森斯在2023年友谊赛踢四后卫体系时暴露出了极大的防守弱点，因此在现如今的战术思路下，他想重新挤掉劳姆进入名单并不容易。此外的左后卫，像参加过2022年世界杯的克里斯蒂安・金特，他因为伤病，入选希望已经不大了。

主力右后卫是基米希，虽然现在主打右后卫，但仍然可以作为后腰的轮换。基米希在进攻中会更多地内收，帮助这一侧的后腰安德里希进行进攻梳理，发挥自己在组织进攻上的优势。和右边前卫穆西亚拉的配合，也以基米希送长传球，然后穆西亚拉前插对方身后为主，虽然基米希也有一定的下底传中能力，但在进攻次数中的占比并不高。替补人选是本亚明・亨里希斯，他左右边后卫，乃至三中卫体系下的右中卫都可以胜任。相比基米希，亨里希斯的防守意识和硬度都要更好，但他在进攻端的作用还是要弱一些，且更多会以边路下底为主。此外的右后卫，像2023年友谊赛征召过的马里乌斯・沃尔夫和约沙・瓦格诺曼等人基本只能作为备选了。

后腰：

中场的双后腰组合，克罗斯的位置会靠左一些，他具备出色的视野和传球能力，在进攻当中主要起到串联梳理的作用，而且由于他搭档的是纯粹的防守型后腰安德里希，因此克罗斯也可以把更多的精力放在进攻端。相应地，对手在进攻时也确实会主要针对克罗斯这一侧的防区。靠右的后腰主力是安德里希，他的技术和组织能力一般，吕迪格和基米希会在这一侧更多地协助他。在防守端，安德里希具备出色的拦截能力，会在禁区弧顶的位置帮助克罗斯补防。

替补方面，考虑到安德里希的位置安东、科赫等人都可以胜任，而克罗斯的位置还可以选择京多安，因此正牌的后腰替补人数可能会被削减。目前最有可能入选的是帕斯卡尔・格罗斯，他的特点与京多安类似，都是擅长进攻梳理，并且具备不错的后插上远射能力，但缺点是缺乏防守的速度和硬度。莱昂·戈雷茨卡目前已经不是德国队的常备人选，近两年他的状态一般，落选德国队的次数明显增多。在中场的身体对抗和后插上进攻是戈雷茨卡的优势，但在进攻中的梳理组织和防守端的位置感依旧是他的弱项。戈雷茨卡除了面临与格罗斯的竞争之外，甚至小将亚历山大·帕夫洛维奇都可能会挤掉戈雷茨卡的位置。除此之外，偏防守型的埃姆雷·詹和偏进攻型的菲利克斯·恩梅查，也是后腰位置的可以使用的备选。

前卫：

主力前腰是队长京多安，主帅纳格尔斯曼给予了他非常充足的信任，甚至在诺伊尔回归后依旧选择将队长袖标继续交给京多安。但是对于前腰位置，京多安在比赛中展现的适应度一般，缺少在对方禁区弧顶一对一摆脱的能力。虽然这个位置理论上能够更好地发挥出京多安的后插上得分能力，但这一点并没有在比赛中得到很好的展现。考虑到京多安的队长地位，纳格尔斯曼应该还是会把他放进首发阵容，但如果到了欧洲杯期间他还是这样的表现，那他随时可能会被取代。替补的是老将托马斯·穆勒，此前在“3241”阵形中，穆勒主要打中锋，但效果一般，而作为前腰，穆勒可以说是如鱼得水。由于穆勒左右边前卫都能打，他也可以和维尔茨、穆西亚拉以及中锋哈弗茨非常灵活地换位，扰乱对方的防守。虽然穆勒的体能已经很难让他首发，但作为替补奇兵，穆勒会是德国队重要的变招。此外的备选，像马里奥·格策和马尔科·罗伊斯两位老将入选的希望就比较渺茫了。

主力左边前卫是维尔茨，他的脚下技术很出色，为队友创造机会的能力很强，而且还具备很强的得分能力。维尔茨的跑动非常积极，在防守端也能提供很多帮助。主力右边前卫是穆西亚拉，他最为突出的是中场的盘带能力，但在组织进攻和为队友传威胁球的能力上还需要提升。这两名边前卫都具备前腰属性，因此德国队中前场的换位非常频繁，球员通过不断地交叉换位，快速的地面配合来打乱对手的防线。

边前卫的轮换，萨内肯定会锁定一个位置，他也有成为主力的可能性，比如撤下京多安，萨内打右边前卫，穆西亚拉换到左边，然后维尔茨打前腰。萨内在右路的内切突破经常能够撕开对手的防线，但比较令人担心的是本赛季他的状态起伏不定。左边路的轮换还存在竞争。爆点作用突出的克里斯·菲里希是更有可能的选择，本赛季他的状态出色，而且与身后的米特尔施泰特有一定的默契。与菲里希竞争的是塞尔日·格纳布里，他如果能恢复到巅峰状态，肯定还是可以挤掉菲里希的。但是本赛季格纳布里屡次受伤，没有人能够预计他在欧洲杯开赛前可以恢复到何种程度，因此他存在落选的可能性。

此外的备选，尤利安·布兰特和约纳斯·霍夫曼在现如今的体系下，与维尔茨、穆西亚拉的作用和特点都比较重叠。考虑到布兰特和霍夫曼2024年的状态下滑，他俩基本只能作为备选了。偏爆点类型的左边锋凯文·沙德则是因为伤病问题也基本已经无缘入选。

前锋：

主力中锋是哈弗茨，作为多面手，他可以胜任前腰以及两侧边前卫，在此前三中卫体系下甚至能踢左边翼卫。因为当时对中锋的主要要求是对抗和支点作用，而现在的“4231”阵形，纳格尔斯曼强调的是中锋的机动性、与其他位置球员的换位能力，以及脚下技术，而这些正是哈弗茨的优势所在。替补的是菲尔克鲁格，他能提供出色的战术支点作用，无论是在禁区里争高空球还是进攻中回撤为队友传球，他在预选赛都有很好的展现。此外的中锋，本赛季表现出色的德尼兹·昂达夫是最有可能的备选，另外还有冲击力出色的马尔温·杜克施和小将马克西米利安·拜尔。而以头球见长的老将凯文·贝伦斯、拥有丰富经验的蒂莫·维尔纳以及受重伤的默金·贝里沙基本都已经无缘最终的名单了。

近年战绩

2022—2023赛季欧国联：A级别小组赛第三

德国队在第三届欧国联A级别比赛中与意大利队、英格兰队和匈牙利队同处一个小组，小组赛前三场比赛，德国队与三个对手均战成了1:1平。第四战，德国队在主场5:2大胜意大利队，这场比赛是弗利克执教时期德国队踢得较好的比赛之一。但第五战爆冷输给匈牙利队，让德国队丧失了出线的机会。最后一场比赛，德国队在两球领先的情况下被英格兰队连扳三球，但最后哈弗茨的破门让德国队以一场平局结束了这届欧国联的征程。

2022年世界杯：小组赛出局

德国队在2022年世界杯与西班牙队、日本队和哥斯达黎加队一同被分进了“死亡之组”，小组赛首战德国队迎战日本队，虽然上半场京多安先入一球，但下半场德国队被变阵后的日本队连入两球逆转。第二战面对西班牙队，虽然德国队最后时刻扳平比分并收获1个积分，但这样的结果让德国队失去了出线的主动权。因此虽然第三战击败了哥斯达黎加队，德国队仍然因为净胜球劣势落后西班牙队位列小组第三无缘出线。

Scotland
苏格兰队

全称：苏格兰男子足球代表队
绰号：风笛之师
荣誉：1992年欧洲杯八强
1954、1958、1974、1978年世界杯十六强
队史最佳阵容：4–3–3
门将：吉姆·莱顿
后卫：安德鲁·罗伯逊、阿兰·汉森、科林·亨德里、丹尼·麦格伦
中场：比利·布莱姆纳、格雷姆·索内斯、戈登·斯特拉坎
前锋：吉米·约翰斯通、肯尼·达格利什、丹尼斯·劳

球队身价：2.27亿欧元
世界排名：34
出线概率：55.9%
夺冠概率：1.5%
现任教练：史蒂夫·克拉克
现任队长：安德鲁·罗伯逊
球队核心：约翰·麦金
第一射手：斯科特·麦克托米奈
聚焦新星：阿伦·希基

出线之路

苏格兰队在欧洲杯预选赛抽签中被列为二档球队，最终与西班牙队、挪威队、格鲁吉亚队和塞浦路斯队同组。

小组赛第1轮和第2轮，苏格兰队先后击败塞浦路斯队和西班牙队；在第3轮的关键战，苏格兰队客场逆转击败挪威队；在随后的两轮比赛中又击败格鲁吉亚队和塞浦路斯队，五连胜的苏格兰队占据了出线的主动权。虽然苏格兰队之后不敌西班牙队，但由于西班牙队击败了挪威队，所以苏格兰队还是提前获得了出线权。最终，苏格兰队5胜2平1负获得小组第2名晋级决赛圈。

征战历史

首次参赛年份：1992年
晋级欧洲杯次数：4次（1992、1996、2021、2024年）
最好成绩：八强（1992年）

预计首发

战术打法

苏格兰队目前主打的是“3421”的三中卫体系，两条边路的攻防全都交给边翼卫，在拥有罗伯逊和希基两名出色边翼卫的情况下，苏格兰队整体的战术思路在预选赛中得到了比较好的贯彻执行。

苏格兰队的进攻主要是从两个边路发起，通过边路的配合制造传中的机会，然后由中路富有层次的包抄队员完成破门得分。在苏格兰队的进攻中，中锋主要起到战术牵制的作用，为身后的中场球员创造前插的空间。后腰麦克托米奈的前插是苏格兰队重要的得分手段，他在预选赛中打进7球，是队内的最佳射手。

在防守端，苏格兰队主要依靠三中卫五后卫的体系形成人数优势，尤其是面对实力强劲的对手时，会坚决地采用防守反击的战术。如果苏格兰队面对实力相近或弱于自己的对手，抑或必须要加强进攻时，会采用四后卫的阵形。苏格兰队可以减少一名中后卫，然后多配上一个中前场球员，像“4231”阵形和“433”阵形，苏格兰队在预选赛当中也都有使用。但是在四后卫的阵形体系下，苏格兰队整体的防守表现明显是要差一些的，变阵四后卫应该在欧洲杯上只会作为加强进攻的变招。

名单解析

门将：

主力门将是从英格兰归化的冈恩，他在预选赛的整体表现比较稳健，相比于2020欧洲杯，苏格兰队在门将位置上的实力得到提升。第二门将是冈恩受伤期间首发的赞德·克拉克，但他在两场比赛中丢掉5球表现一般。第三门将是在友谊赛中登场过的利亚姆·凯利。

备选：罗比·麦克罗里、克雷格·戈登

中后卫：

蒂尔尼是主力左中卫，他有不错的后场出球和带球推进能力，在左边路还可以与左边翼卫罗伯逊换位套边。蒂尔尼速度快，主要负责回追拦截，但禁区内防空是他的短板。居中的中卫是亨德里，他在防线主要负责正面拦截，但他的转身速度慢，身后空当容易被对手利用。主力右中卫是波蒂厄斯，他是三名中卫里防空能力最强的，在定位球进攻中也能制造威胁，但是他的防守意识不佳，在禁区容易漏人是他的缺点。

斯科特·麦肯纳是最主要的替补，惯用左脚的他主要打左中卫，蒂尔尼在预选赛受伤后就是让麦肯纳首发。其余的几名中卫目前位置都不稳定，利亚姆·库珀也是左脚球员，但在禁区内防守相对冒失，友谊赛犯规送点之后顺位落后麦肯纳。居中的中卫还包括老将格兰特·汉利，他在预选赛前两场是首发，但随后遭遇重伤，能否进入名单要看伤病恢复情况。

备选：约翰·苏塔、多米尼克·海厄姆

边翼卫：

主力左边翼卫是罗伯逊，他是苏格兰队重要的进攻发起点，边路传中的能力非常出色。如果要轮换，首选是蒂尔尼打左边翼卫，然后左中卫使用麦肯纳。像右边翼卫希基和中场肯尼·麦克莱恩也都可以客串左边翼卫，因此在预选赛最后两场比赛中难得首发但防守表现一般的格雷格·泰勒，进入名单的希望并不大。

主力右边翼卫是希基，他这侧相对来说进攻参与度没有左路高，更多的是串联接应和远端包抄。在防守端，虽然希基也并不算很稳健，在预选赛也有失误导致丢球，但他速度快、灵活性好，所以在主力竞争中能力压内森·帕特森。帕特森个子较高，所以在防守速度型边锋时会比较吃力，在预选赛有过多次被对方左边锋一对一突破乃至内切破门的情况。

备选：乔希·多伊格、安东尼·罗尔斯顿、马克斯·约翰斯顿

中前卫：

麦格雷戈在双后腰位置中相对拖后，要承担更多的防守任务。但他并非传统的防守型后腰，特点更偏向全能中场。如果与比利·吉尔摩或者瑞安·杰克这种更偏拖后属性的后腰一同登场，麦格雷戈在进攻中也会有更多的前插。当然在首发组合中，前插参与进攻的任务主要还是交给麦克托米奈，他技术均衡且身材高大，在预选赛用左右脚和头球都完成过破门，是苏格兰队最为倚仗的得分点。替补后腰吉尔摩和杰克均是拖后类型的中场，如果登场可以更好地解放麦格雷戈和麦克托米奈，吉尔摩的组织能力更为突出，而杰克的拼抢能力则更好。

两名首发前腰在场上换位非常频繁，左前腰是克里斯蒂，他兼具边锋属性，能够在边路突破和前插，包括与边翼卫形成配合。右前腰的主力则是麦金，他是苏格兰队中路进攻重要的串联发起点，在前场的位置非常灵活，在中路不断地穿插接球，有一脚不错的传直塞威胁球的能力，而且论前插得分的威胁性，麦金在队内也仅次于麦克托米奈。

替补方面，左前腰的轮换主要是麦克莱恩，他非常全能，前腰、后腰乃至左边翼卫都能胜任。在进攻端，麦克莱恩的各项技术也都比较均衡，传中、传威胁球乃至头球在预选赛中也都有精彩展现。这种特点的球员在苏格兰队非常多，比如右前腰的轮换斯图尔特·阿姆斯特朗，他左右两侧都能胜任，惯用右脚的他如果打在左路还有内切得分的能力。最后一名前腰轮换是刘易斯·弗格森，相比于前面几名前腰，他的特点还是比较偏中路，处于边路时的威胁较弱，拖后踢后腰时防守能力一般，因此顺位比较靠后。

前锋：

苏格兰队的几名中锋在门前的效率其实都比较一般，主力大概率还是亚当斯，他相对是最全面的选择，兼具对抗和机动性。林登·戴克斯则是对抗能力更好，支点作用和争抢高空球的能力更为出色。第三名中锋存在竞争，边锋出身的雅各布·布朗速度快，同时善于在前场穿插和抢点。劳伦斯·尚克兰则具备出色的门前嗅觉和抢点得分能力。

备选：凯文·尼斯比特

近年战绩

2022—2023赛季欧国联：B级别小组赛第一

苏格兰队在第三届欧国联B级别比赛中与乌克兰队、爱尔兰队和亚美尼亚队同处一个小组。首场比赛苏格兰队就在主场2：0击败亚美尼亚队，虽然次战在客场不敌爱尔兰队，但苏格兰队很快调整状态，先后击败三个对手拿下了三连胜。在最后一战0：0战平乌克兰队之后，苏格兰队以4胜1平1负的战绩夺得小组第一，成功升入了2024—2025赛季欧国联的A级别比赛。

Hungary
匈牙利队

全称：匈牙利国家男子足球队
绰号：神奇的马扎尔人
荣誉：1938、1954年世界杯亚军
　　　1964年欧洲杯季军
队史最佳阵容：4–4–2
门将：久拉・格罗西奇
后卫：米哈利・兰托什、久拉・洛兰特、卡尔曼・梅斯佐利、耶诺・布赞斯基
中场：佐尔坦・齐伯尔、约瑟夫・博日克、南多尔・希代古提、拉斯洛・库巴拉
前锋：费伦茨・普斯卡什、桑多尔・柯奇士

球队身价：1.66亿欧元
世界排名：27
出线概率：53.8%
夺冠概率：0.9%
现任教练：马尔科・罗西
现任队长：多米尼克・索博斯洛伊
球队核心：多米尼克・索博斯洛伊
第一射手：鲍尔瑙巴什・沃尔高
聚焦新星：米洛什・凯尔凯兹

出线之路

匈牙利队在欧洲杯预选赛抽签中被列为一档球队，最终与塞尔维亚队、黑山队、保加利亚队和立陶宛队同组。

匈牙利队前四场比赛发挥出色，除了第二场比赛被黑山队0：0逼平外，其余三场比赛都拿下了胜利。匈牙利队在第五场比赛再次击败塞尔维亚队后，已经占据了出线的主动权。虽然匈牙利队在第六场比赛战平立陶宛队无法提前出线，但是在第七场比赛战平保加利亚队后，匈牙利队还是顺利地从小组出线。最终匈牙利队5胜3平获得小组第一晋级决赛圈。

征战历史

首次参赛年份：1964年
晋级欧洲杯次数：5次（1964、1972、2016、2021、2024年）
最好成绩：季军（1964年）

预计首发

战术打法

匈牙利队目前主打的是“3421”的三中卫阵形。从2020欧洲杯开始，匈牙利队的战术思路统一且稳定，这也是这支球队近些年取得长足进步的重要原因。

在防守端，匈牙利队退守的时候两侧边翼卫会退得很深，双前腰也都会退到边路来协助边翼卫防守，所以整体阵形看上去是一个“541”的站位。匈牙利队的三名中卫都参加过2020欧洲杯，相互之间非常有默契。

由于整体的防守站位比较低，所以匈牙利队的反击推进非常重要。左边路的索博斯洛伊和凯尔凯兹都拥有比较出色的个人带球推进能力。与此同时，索博斯洛伊还有着不错的传球能力，凯尔凯兹则具备快速前插的能力，所以罗西也经常会让索博斯洛伊与凯尔凯兹换位，让索博斯洛伊站到左边翼卫的位置去衔接后场，此时凯尔凯兹沿左边路快速无球前插对方右后卫身后，接索博斯洛伊送出的身后传球，以此达成左路推进的目的。

右路的推进相对简单，右边翼卫内戈通常是直接无球跑动插到对方左后卫身后；给内戈的传球，大多数直接由中后卫过顶长传完成。在反击过程当中，右前腰罗兰·绍洛伊会比较靠近中路，以增加一个包抄点，完成最后的射门。

名单解析

门将：

主力门将是迪布斯，由于彼得·古拉奇重伤，迪布斯从预选赛起获得首发，并且有极为出色的表现。古拉奇虽然已经康复，但在俱乐部沦为替补，因此在国家队也只能作为第二门将。第三门将还存在竞争，老将彼得·绍保诺什入选的可能性更大，与他竞争的是鲍拉日·托特。

备选：克里斯蒂安·海吉

中后卫：

三中卫的首发，左中卫是奥蒂洛·绍洛伊，他是中卫里前插参与进攻最多的球员，作为左脚球员也能打左边翼卫。但是在防守端，他转身慢、补防能力一般，与欧尔班之间的空当在预选赛中多次被对手利用。居中的欧尔班在防守端的强项还是正面拦截和高空争顶，具备很出色的高空球预判能力，在定位球进攻中也经常能发挥作用。右中卫亚当·朗则是主要的长传手，送出过顶长传球打对方左后卫身后找前插的右边翼卫内戈，这是匈牙利队很倚仗的进攻方式。亚当·朗居中位置也能胜任，但在防守端他的弱点与另外两名中卫类似。因此如果罗西更强调机动性，有可能把亚当·朗从首发中拿掉。

轮换方面，阿蒂拉·菲奥拉是后防线的万能替补，左右中卫和左右边翼卫都能胜任，机动能力出色的同时还有一脚长传球的能力，但是如果让菲奥拉打中卫，会凸显他的防空短板。类似特点的还有右中卫和右边翼卫都能胜任的恩德雷·博特卡。正牌的替补中卫，匈牙利队在预选赛中只使用过博通德·鲍洛格，他的补防意识和机动性都很不错，但是在对抗硬度和危急时刻处理球的冷静程度方面还需加强。

备选：奥蒂洛·莫奇、加博尔·绍洛伊

边翼卫：

主力左边翼卫是凯尔凯兹，他无球前插时的速度很快，同时在边路的人球结合能力也不错，具备一定的带球突破和推进能力。轮换方面，有上文提到过的菲奥拉，但他作为右脚球员，打左边翼卫时传中会受影响。因此左脚球员若尔特·纳吉也可能会进入名单作为左边翼卫的轮换。

主力右边翼卫是内戈，他的无球前插能力很强，对抗能力也不错。内戈前插对方左后卫身后接亚当·朗长传球，然后下底倒三角传中，这是匈牙利队很重要的进攻手段。主要轮换是本德古兹·博洛，他的有球能力要强于内戈，带球推进和后场的传接球梳理能力同样更强，但在无球前插和防守硬度上不如内戈。当然如果要加强防守，用博特卡或者菲奥拉打右边翼卫是更有可能的轮换手段。

备选：亚诺斯·费伦奇

中前卫：

中场的双后腰组合，斯泰尔斯在左，他是匈牙利队防守能力最强的中场，拦截以及覆盖保护都不错。在右的是亚当·纳吉，在进攻中他会压得更加靠上，经常也会与前腰换位来到肋部，具备一定的传中和前插得分能力。

轮换的话，首先考虑从长期伤病中恢复过来的翁德拉什·舍费尔，他的特点与全能的亚当·纳吉类似，如果舍费尔状态完全恢复，他也有取代斯泰尔斯首发的可能。预选赛的主要轮换若尔特·卡尔马尔擅长的是中场的串联梳理和威胁传球，但遭遇重伤的他又再度错过欧洲杯。最有可能顶替他的是参加过两届欧洲杯的拉斯洛·克莱因海斯勒，有一脚不错的远射的他前腰位置也能胜任。

左前腰的首发是索博斯洛伊，他作为进攻核心，从拿球推进到传威胁球，再到突破得分，都可以说是全队最出色的。而且他标志性的远射和定位球，在预选赛当中也有展现。右前腰是罗兰·绍洛伊，他的特点更偏边锋，反击中的速度很快，而且包抄得分能力不俗，与索博斯洛伊一样都具有不错的远射能力。替补首先是丹尼尔·高兹道格，他主要打右前腰，类型更偏中场，负责在中路串联组织。另外一位轮换存在竞争，克里斯托弗·霍瓦特较为全面，兼具得分和组织能力，而凯文·乔博特的特点则更偏向边路突击。

备选：米哈伊·考陶、索马·苏霍多夫斯基、巴林特·韦切伊、拉茨洛·克莱因海斯勒、彼得·鲍拉特、克里斯托弗·霍瓦特

前锋：

主力中锋是沃尔高，他在本赛季联赛的状态非常出色，作为一个全能的中锋，沃尔高兼具支点作用和机动性。在预选赛中沃尔高有灵活跑位的包抄破门，也有高空头槌进球。替补是马丁·亚当，他是一位身材非常魁梧的中锋，背身拿球和禁区争顶的能力非常强，对方中卫很难限制他，但亚当的机动性也相应地比较糟糕，同时在门前的得分效率不如沃尔高。

备选：翁德拉什·内梅特

近年战绩

2022—2023赛季欧国联：A级别小组赛第二

匈牙利队在第三届欧国联A级别比赛中与英格兰队、意大利队和德国队三支传统强队同处一个小组。但匈牙利队表现非常亮眼，第一轮就在主场击败了英格兰队，此后两轮匈牙利队先是不敌意大利队，然后战平德国队。第四轮来到客场，匈牙利队出人意料地4∶0大胜英格兰队，此后第五轮又在客场击败德国队。遗憾的是最后一轮，匈牙利队不敌意大利队，只能位居小组第二，错失了进入淘汰赛的机会。

Switzerland
瑞士队

全称：瑞士国家男子足球队
绰号：瑞士军刀
荣誉：1934、1938、1954年世界杯八强
2020欧洲杯八强
2018—2019赛季欧国联第四名
队史最佳阵容：4-4-2
门将：扬·索默
后卫：鲁道夫·拉姆塞尔、塞维里诺·米内利、斯特凡·亨科兹、斯特凡·利希施泰纳
中场：雅克·法顿、西里亚科·斯福扎、马克斯·阿贝格伦、查尔斯·安特宁
前锋：斯蒂芬·查普伊萨特、约瑟夫·许吉

球队身价：2.23亿欧元
世界排名：19
出线概率：62.5%
夺冠概率：1.8%
现任教练：穆拉特·亚金
现任队长：格拉尼特·扎卡
球队核心：谢尔丹·沙奇里
第一射手：泽基·阿姆杜尼
聚焦新星：泽基·阿姆杜尼

出线之路

瑞士队在欧洲杯预选赛抽签中被列为一档球队，与以色列队、罗马尼亚队、科索沃队、白俄罗斯队和安道尔队同组。

瑞士队开局取得三连胜，但在第四轮和第五轮，瑞士队分别被罗马尼亚队和科索沃队绝平。第六轮瑞士队3：0战胜安道尔队，但此后三轮的比赛又都战成平局，不过瑞士队还是提前一轮获得了出线权。在最后一轮不敌罗马尼亚队后，瑞士队4胜5平1负获得小组第二。

征战历史

首次参赛年份：1996年
晋级欧洲杯次数：6次（1996、2004、2008、2016、2021、2024年）
最好成绩：八强（2021年）

2024年德国欧洲杯观赛指南

会徽

2024年德国欧洲杯会徽沿用了前两届欧洲杯以奖杯“德劳内杯”为设计主题的造型，取用了欧足联55个成员协会的旗帜及颜色，并以柏林奥林匹克体育场屋顶形状作为会徽的轮廓，奖杯“德劳内杯”周围24个彩色切片，代表了24支参赛球队。

吉祥物

2024年德国欧洲杯吉祥物是一只名为“阿尔巴特(Albärt)”的小熊。欧足联表示，这一吉祥物是向泰迪熊玩具致敬。

比赛用球

官方比赛用球名为“FUSSBALLLIEBE”，含义为“足球之爱”。其灵感来源于球队配色和“美丽的运动”的简约直接之美。该球引入了“Connected Ball”技术，可将精确的球数据实时发送给视频比赛官员，帮助他们使用半自动越位技术并更快地做出比赛决策。

比赛城市

柏林

柏林位于德国东北部，是德国的首都和最大的城市，也是德国的政治、文化、交通及经济中心。柏林是德甲球队柏林赫塔的所在地。

慕尼黑

慕尼黑位于德国南部，是德国南部第一大城市，德国第三大城市。慕尼黑是德甲球队拜仁慕尼黑的所在地。

盖尔森基兴

盖尔森基兴是德国北莱茵-威斯特法伦州的一个城市，位于鲁尔区的北部。盖尔森基兴是德甲球队沙尔克04的所在地。

多特蒙德

多特蒙德位于德国西部北莱茵-威斯特法伦州鲁尔区，是德国第七大城市。多特蒙德是德甲球队多特蒙德的所在地。

斯图加特

斯图加特位于德国西南部，是巴登-符腾堡州的首府，也是该州的第一大城市。斯图加特是德甲球队斯图加特的所在地。

汉堡

是德国的三大州级市（柏林、汉堡、不来梅）之一，是德国第三大城市，也是德国第二金融中心，有着“世界桥城”的美称。汉堡是德甲球队汉堡的所在地。

杜塞尔多夫

杜塞尔多夫位于莱茵河畔，是北莱茵-威斯特法伦州的首府。杜塞尔多夫是德乙球队杜塞尔多夫的所在地。

科隆

科隆横跨莱茵河两岸，是德国第三大城市，也是德国西部的历史文化名城和重工业城市。科隆是德甲球队科隆的所在地。

莱比锡

莱比锡位是德国东部的第二大城市，位于柏林以南165千米。莱比锡一词在当地古语中的意思是“种有菩提树的地方”。莱比锡是德甲球队莱比锡红牛的所在地。

法兰克福

法兰克福位于德国西部，是德国第五大城市以及黑森州的最大城市。法兰克福是德甲球队法兰克福的所在地。

预计首发

战术打法

瑞士队在欧洲杯的主打阵形仍存在变数，主教练曾在预选赛中主打“433”阵形，但在2024年的友谊赛，瑞士队则着力演练了“3421”和“352”阵形。两套阵形都遇到了各自的问题，在四后卫体系下，瑞士队场均丢球数超过1球，而在使用三中卫体系的比赛中，瑞士队没有运动战进球。

在常规的“433”体系下，瑞士队两侧还是会使用纯正的边后卫，他们在边路压上的幅度会比较大，主要是沿边路下底完成传中。两侧的边锋球员则会内收得比较靠里，在中路或者肋部完成威胁传球以及前插。瑞士队的三名中场分工也比较明确，扎卡里亚主要负责拖后防守，同时兼任持球推进的工作；扎卡则是重要的传球者，是瑞士队整体进攻的组织核心；弗罗伊勒则是无球跑动以及前插禁区包抄最多的球员，三人配合娴熟，因此瑞士队的中路进攻整体要强于边路进攻。

在防守端，瑞士队整体阵形会压得比较靠上，采取高位逼抢的战术，尽可能地在对方半场就夺回球权。但是这样的防守体系在预选赛中出现的问题较多，尤其是防对手长传反击方面，阿坎吉和法比安·舍尔等中后卫都出现过面对对手的快速反击，一旦争抢拦截失败，就会出现被对手打穿身后暴露门将的情况。

门将：

主力门将还是索默，他的门线反应能力依旧非常突出，但身高的劣势还是让他在面对有些扑救时显得力不从心。第二门将还是格雷戈尔·科贝尔，他在预选赛中也有过登场。第三门将更有可能选择在预选赛中登场过的伊冯·姆沃戈，他的顺位基本已经超过了本赛季遭遇伤病的约纳斯·奥姆林。

备选：达维德·冯巴尔莫斯、安东尼·拉乔皮

后卫：

主力右中卫是阿坎吉，如果变阵三中卫他通常是居中的人选。在进攻端阿坎吉主要负责后场出球，不过阿坎吉在预选赛中的发挥并不稳健，多次出现身后被打穿的情况。主力左中卫更有可能选择埃尔维迪，他主要负责后场的协防补位，变阵三中卫的话居中和右侧也都能打。如果考虑后插上出球，亚金也有可能让舍尔取代埃尔维迪。舍尔左右中卫都能打，变阵三中卫时主要打右中卫，他的出球能力是瑞士队中卫里最突出的，还有一脚出色的任意球，但他在预选赛中的防守发挥很糟糕，多次导致丢球。此外的轮换中卫是塞德里克·策西格，他是队内唯一的左脚中卫，主要作为左中卫的替补。此外还有中后卫和右后卫都能胜任的埃拉伊·哲梅尔特也可以作为备选。

里卡多·罗德里格斯是主力左后卫，拥有不错的传中精准度和进攻前插意识。但他随着年龄的增长，速度下滑明显，在防守速度型边锋时会比较吃力。所以在变阵三中卫时，罗德里格斯会被安排踢左中卫。替补左后卫是乌利塞斯·加西亚，他的运动能力不错，但传球能力和经验都不如罗德里格斯。

主力右后卫是威德默，他在场上奔跑非常积极，左右边后卫都能踢，在进攻端具备不错的传中和远射能力，但长期的伤病让他面临与埃迪米尔森·费尔南德斯的竞争。费尔南德斯是一位多面手，后腰出身的他现在左右边后卫和中后卫都能胜任，长传和传中的精准度也不错。

备选：贝契尔·奥梅拉吉奇、多米尼克·施密德、米夏埃尔·朗

中场：

三中场的组合，居中拖后的是扎卡里亚，他主要负责中场的防守拦截，在进攻中则有不错的推进能力。扎卡是首发左中场，是中场最重要的拿球人，负责由守转攻的衔接。而且在弧顶的位置，扎卡有多样的进攻手段，前插和远射在预选赛中都制造过进球，如果某些比赛更强调控制，他和扎卡里亚的位置也可能会互换。弗罗伊勒是首发右中场，他是三中场里无球跑动和前插最多的，通过后插上丰富整体的禁区包抄层次，预选赛也曾多次制造进球。

中场两侧的轮换首先是米歇尔·埃比舍尔，他和弗罗伊勒类型接近，但前插的威胁性没有那么大。埃比舍尔还可以胜任左右边后卫或边翼卫，乃至在变阵“3421”时踢更加靠前的边前腰位置。另外一个备选存在竞争，最有可能的选择是2024年首次入选的全能中场文森特·谢罗。而此前的主要轮换贾布里勒·索乌虽然预选赛后期开始被弃用，但他凭借出色的运动能力也依旧可能入选。

备选：法比安·里德、阿尔东·亚沙里

前锋：

主力左边锋是巴尔加斯，他左右脚的能力很均衡，所以两个边路都能踢且进攻手段非常丰富，具备不错的爆点作用。主力右边锋沙奇里现在更多则是内收，他传威胁球的作用突出，经常与队友形成小范围配合，而且远射和任意球依旧具备高水准。但随着年龄的增长，沙奇里的运动能力下滑明显，尤其在防守端不够积极，所以亚金甚至尝试过让他打中锋。

两名替补边锋都兼具边翼卫属性，雷纳托·斯特芬擅长禁区内前插包抄，预选赛上演过帽子戏法。丹·恩多耶则是一名身体素质出色的边路突击手，打左路时主要负责内切打门，打右路时主要负责下底传中，如果变阵三中卫阵形，他有机会成为首发边翼卫。

主力中锋最有可能选择诺厄·奥卡福尔，他速度快、反击中冲击力强，而且在边路也有不错的突破能力。预选赛的头号射手阿姆杜尼则在俱乐部处境不佳，大概率会失去首发，但他左右边锋也均能胜任，而且是几名中锋里技术最全面的。

备选：乌兰·比斯利米、德雷克·库特萨、克里斯蒂安·法斯纳赫特

近年战绩

2022—2023赛季欧国联：A级别小组赛第三

瑞士队在第三届欧国联A级别比赛中与西班牙队、葡萄牙队和捷克队同处一个小组。一上来，瑞士队就遭遇了三连败，保级形势岌岌可危。但后三轮比赛瑞士队收获三连胜，以3胜3负的成绩排在小组第三留在了欧国联A级别。

2022年世界杯：十六强

瑞士队在2022年世界杯与巴西队、塞尔维亚队和喀麦隆队同处一个小组，瑞士队首战击败喀麦隆队，第二战负于巴西队，收官战击败塞尔维亚队，以小组第二的成绩晋级十六强。1/8决赛，阵容不整的瑞士队1：6惨败葡萄牙队结束了世界杯之旅。

B组

“蓝衣军”四面楚歌，“斗牛士”志在突围

西班牙

克罗地亚

意大利

阿尔巴尼亚

全景瞭望

详细赛程

第1轮

开球时间	交战双方	比赛场地	观赛指数	进球展望
6月16日 00:00	西班牙队 VS 克罗地亚队	奥林匹克体育场	★★★★★	≤3
6月16日 03:00	意大利队 VS 阿尔巴尼亚队	伊杜纳信号公园球场	★★★★	≥2

第2轮

开球时间	交战双方	比赛场地	观赛指数	进球展望
6月19日 21:00	克罗地亚队 VS 阿尔巴尼亚队	北方银行竞技球场	★★	≥2
6月21日 03:00	西班牙队 VS 意大利队	费尔廷斯竞技场	★★★★★	≥3

第3轮

开球时间	交战双方	比赛场地	观赛指数	进球展望
6月25日 03:00	阿尔巴尼亚队 VS 西班牙队	思捷环球竞技场	★★★★	≥3
6月25日 03:00	克罗地亚队 VS 意大利队	红牛竞技场	★★★★★	≤2

红牌概率	点球概率	冷门指数	比分预测	球迷预测
7%	30%	★★	2 : 1；3 : 1	□:□；□:□
55%	75%	★★★★	2 : 0；1 : 1	□:□；□:□

红牌概率	点球概率	冷门指数	比分预测	球迷预测
25%	44%	★	2 : 0；3 : 1	□:□；□:□
5%	70%	★	2 : 1；2 : 2	□:□；□:□

红牌概率	点球概率	冷门指数	比分预测	球迷预测
10%	88%	★	3 : 1；3 : 0	□:□；□:□
15%	50%	★★★	1 : 1；0 : 1	□:□；□:□

焦点短评

西班牙队VS意大利队

近些年西班牙队和意大利队总是剪不断理还乱地连续碰面，2020欧洲杯半决赛，两支球队在120分钟内战成1：1平，最终意大利队在点球大战淘汰西班牙队，挺进决赛并且最终夺冠。

此后，这两支球队又连续两次在欧国联半决赛碰面，只不过这两次笑到最后的都是西班牙队。2020—2021赛季欧国联半决赛，西班牙队凭借着费兰·托雷斯的梅开二度2：1淘汰意大利队。到了2022—2023赛季欧国联半决赛，西班牙队依靠着何塞卢在第88分钟的进球，还是以2：1的比分淘汰意大利队，挺进决赛后最终捧杯。2024年欧洲杯，将是两支球队在3年中的第4次碰面。

西班牙队VS克罗地亚队

对于西班牙队来讲，与克罗地亚队的恩怨情仇，可一点不比与意大利队的少。2024年欧洲杯将是西班牙队和克罗地亚队连续第4次在欧洲杯相遇。2012年欧洲杯小组赛，西班牙队1：0取胜送克罗地亚队出局。2016年欧洲杯小组赛，克罗地亚队2：1击败西班牙队复仇成功。2020欧洲杯1/8决赛，西班牙队依靠加时赛5：3取胜，与克罗地亚队共同上演了跌宕起伏的进球大战。2022—2023赛季欧国联决赛，西班牙队又是在点球大战中击败克罗地亚队夺冠。旧怨未解又添新仇，两支球队的故事将在2024年延续出新的篇章。

本组之星

詹路易吉·唐纳鲁马

出生日期：1999年2月25日

你是否还记得那个在2020欧洲杯“一夫当关，万夫莫开”，最终帮助意大利队问鼎的赛事最佳球员？那届欧洲杯只是22岁的唐纳鲁马参加的第一届国家队大赛。现如今，25岁的唐纳鲁马已经戴上了意大利队的队长袖标，在吉奥吉奥·基耶利尼退役、莱奥纳尔多·博努奇等人淡出国家队的情况下，唐纳鲁马现如今要承担的已经绝不只是把守好球门这么简单。在迪诺·佐夫、詹路易吉·布冯等众多前辈的光芒下，唐纳鲁马需要证明自己可以成为意大利队新的领袖。

作者视角

作为2024年欧洲杯的“死亡之组”，B组的竞争将会极为激烈，但从几支球队近几年的交锋，以及预选赛的表现来看，西班牙队明显还是4支球队当中最好的。西班牙队连续两届欧国联半决赛都与意大利队相遇并取得了胜利，在2022—2023赛季欧国联决赛击败克罗地亚队夺冠。面对这两个对手，西班牙队有着明显的心理优势。

相比上届赛事夺冠时，意大利队目前的情况已经发生了巨大的变化。功勋主帅罗伯托·曼奇尼因为与意大利足协的矛盾离任，新帅卢西亚诺·斯帕莱蒂上任时间不长，也没有将球队捏合成型。从阵容角度来说，基耶利尼已经退役，博努奇、因西涅、韦拉蒂等人被斯帕莱蒂弃用，哪怕是若日尼奥和奇罗·因莫比莱这些被斯帕莱蒂使用过的老臣，能否进入名单也要打上一个问号。在夺冠阵容已经支离破碎的情况下，意大利队在本届欧洲杯的前景并不被看好。

克罗地亚队与意大利队情况类似，虽然莫德里奇领衔的主要班底基本还在，但随着年龄的增长和伤病的增多，球队阵容已经不能再与巅峰期同日而语，再加上后备力量不足，让克罗地亚队主力与替补间的差距进一步拉大。克罗地亚队在预选赛遭遇两连败，出线形势一度岌岌可危就是最好的例证。但如果人员保持健康，克罗地亚队也具备掀翻任何强队的可能性。

对于第二次晋级欧洲杯的阿尔巴尼亚队来讲，出线的可能性就比较低了。对于在预选赛以远射为主要得分手段的阿尔巴尼亚队来讲，面对以上三支擅长控制的球队，想获得足够的射门机会来转化为进球，是非常困难的。

卢卡·莫德里奇

出生日期：1985年9月9日

2024年欧洲杯，应该会是莫德里奇参加的最后一届国家队大赛了。2018年世界杯亚军，2022年世界杯季军，2022—2023赛季欧国联亚军，这些年莫德里奇带领克罗地亚队一次又一次接近那梦寐以求的奖杯，却一次又一次地以失败告终。2022—2023赛季欧国联决赛，克罗地亚队最擅长的点球大战，莫德里奇已经倾尽所有，最终却也只能目睹西班牙队捧起奖杯。但无论如何，至少在2024年欧洲杯上，我们还能欣赏到莫德里奇的最后一舞，莫德里奇也依旧还有创造奇迹的机会。

Spain
西班牙队

全称：西班牙国家男子足球队
绰号：斗牛士军团
荣誉：2010年世界杯冠军
1964、2008、2012年欧洲杯冠军
2022—2023赛季欧国联冠军
队史最佳阵容：4-3-1-2
门将：伊戈尔·卡西利亚斯
后卫：何塞·安东尼奥·卡马乔、费尔南多·耶罗、卡莱斯·普约尔、塞尔希奥·拉莫斯
中场：安德烈斯·伊涅斯塔、塞尔吉奥·布斯克茨、哈维
前腰：路易斯·苏亚雷斯
前锋：大卫·比利亚、劳尔·冈萨雷斯

球队身价：9.06亿欧元
世界排名：8
出线概率：88.1%
夺冠概率：10%
现任教练：路易斯·德拉富恩特
现任队长：阿尔瓦罗·莫拉塔
球队核心：佩德里
第一射手：阿尔瓦罗·莫拉塔
聚焦新星：拉明·亚马尔

出线之路

西班牙队在欧洲杯预选赛抽签中被列为一档球队，最终与苏格兰队、挪威队、格鲁吉亚队和塞浦路斯队同组。

西班牙队在预选赛的开局并不是很顺利，在第二轮就不敌苏格兰队。但伴随着球队在2023年6月夺得欧国联冠军，“斗牛士军团”找回了状态，在预选赛后6轮的比赛中，西班牙队取得全胜，最终7胜1负获得小组第一顺利出线。

征战历史

首次参赛年份：1964年
晋级欧洲杯次数：12次（1964、1980、1984、1988、1996、2000、2004、2008、2012、2016、2021、2024年）
最好成绩：冠军（1964、2008、2012年）

预计首发

战术打法

德拉富恩特在上任之后并没有改变西班牙队的传统打法，“433”阵形依旧是球队的常规阵形，但是在攻防两端的细节上，德拉富恩特已经给西班牙队打上了属于自己的烙印。相比于恩里克带队时期，现在德拉富恩特带领的西班牙队整体踢得更加硬朗、快速，球员在场上的奔跑更为积极，在进攻中也减少了多余的控球，增加了更多的快速转换进攻。

进攻中，西班牙队的两个边后卫前插幅度会非常大，边锋则主要会在肋部区域进行前插和接应。从预选赛来看，现在的西班牙队，进攻由边路发起的占比要多于由中路发起的占比。当然在佩德里能够参加比赛之后，西班牙队的进攻相比预选赛时应该会更加立体化，边路和中路的进攻占比也会更加趋于均衡。

在防守端，西班牙队整体采用高位逼抢策略，在预选赛中加维经常会前顶来到对方弧顶位置逼抢对方持球的后腰，多次出现断球之后就地快速反击的情况，防守阵形更类似“4231”。加维受重伤后，这项任务可能会交由梅里诺或者佩德里完成。当然，如果面对实力较弱的对手，德拉富恩特也会要求中场两侧的队员全都压到对方弧顶逼抢，以增强防守的压制力。

门将：

西班牙队的主力门将依旧是乌奈·西蒙。他的综合实力在西班牙队目前所有门将当中是最为突出的，各项技术均没有明显的短板。西蒙的身高是目前西班牙队三名常规门将当中最高的，他的门线扑救反应能力突出且控制范围足够大，还具备不错的扑点球能力。在进攻端，西蒙的出球能力也很优秀，无论依靠长传、短传都可以很好地参与到进攻组织当中。虽然他一直被诟病的稳定性问题在近两年也得到了改进，但仍旧在友谊赛当中出现了低级失误。第二门将是戴维·拉亚，他的出球能力同样非常优秀，但是身高劣势所导致的扑救方面的弱点也很明显。而在预选赛前期获得机会的凯帕·阿里萨瓦拉加，由于在俱乐部失去主力地位，也丢失了在国家队的位置。亚历克斯·雷米罗成为目前最有可能的第三门将选择。而参加过2020欧洲杯和2022年世界杯的罗伯特·桑切斯现在已经基本被弃用。

后卫：

中卫的首发组合，左中卫的主力人选是拉波特，他是目前西班牙队内大赛经验最为丰富的中后卫。拉波特突出的特点是他出色的出球能力，无论是自己带球推进，还是通过长传直接联系前场队友，拉波特都有着出色的水准，因此他也是西班牙队最为重要的进攻发起点。但拉波特一直以来的防守弱点也会成为对手主要的突破口，正面拦截硬度一般以及高空球争顶一般的缺点，让拉波特在面对强力高中锋时会显得有些吃力。右中卫主力则是综合防守能力更为出色的勒诺尔芒，2023年归化成功的勒诺尔芒综合能力非常强，在进攻端虽然整体的技术能力不如拉波特，但是也能参与一定的出球和后场组织。而在防守端，从正面上抢到协防补位，勒诺尔芒在预选赛都展现了不错的能力，同时他还具备不错的回追速度，在西班牙队整体阵形压得比较靠上、面临的被反击风险比较大的情况下，勒诺尔芒的回追能力就显得至关重要。

左中卫替补，本赛季展现了出众天赋的小将保罗·库巴西是最有可能的人选，虽然他是右脚球员，但双脚能力均衡，防守意识和组织能力都具备与年龄不相符的成熟度。此外的两个备选左中卫，保·托雷斯的出球能力非常强，不逊于拉波特，但是在防守能力和经验上还是要逊色一些。保·托雷斯虽然身材高大，但是对抗偏软，且转身移动以及回追补防也是短板。在这些方面，与他竞争的伊尼戈·马丁内斯要更优秀一些，防守的硬度也要更好。但是伊尼戈·马丁内斯的出球能力弱于保·托雷斯，且至今没有任何参加大赛的经验，在预选赛中的整体顺位也是要落后一些。替补右中卫则基本会选择防守硬度和高空争顶出色的戴维·加西亚。同时经验丰富的多面手纳乔·费尔南德斯和在2024年首次入选西班牙队的达尼·比维安也可以作为备选。

主力左后卫是加亚，他的攻守相对比较均衡，在进攻端有着不错的传中能力，而且跑动很灵活，无论是边路套上还是肋部前插，都可以与左边锋形成不错的配合。在防守端，加亚的速度和灵活性也不错，同时他具备比较好的补位意识。轮换的选择是亚历杭德罗·格里马尔多，他是一名纯粹的进攻型边后卫，本赛季在俱乐部的表现极为突出，进攻手段非常多样，传中精准、远射犀利，还有一脚技惊四座的直接任意球。现在对于格里马尔多来说，劣势就是入选国家队的时间太短，跟队友的磨合一般，且在防守端相对弱于加亚，因此格里马尔多大概率就是担任西班牙队加强进攻的备选。由于小将亚历杭德罗·巴尔德赛季报销，因此目前顺位最靠前的备选是马克·库库雷西亚，虽然他的进攻比不上加亚和格里马尔多，但他的防守一直是强项。此外的左后卫人选，还有在预选赛中征召过的小将弗兰·加西亚，以及左后卫和左边锋都能踢的阿方索·佩德拉萨，但他们目前的顺位就比较靠后了。

主力右后卫是卡瓦哈尔，德拉富恩特在两个边后卫位置选人的标准非常一致。卡瓦哈尔的综合能力还是西班牙队现在所有右后卫当中最突出的，进攻端的跑位很灵活，肋部前插制造的威胁甚至要多于拉边的传中。虽然在防守端，卡瓦哈尔现在移动能力明显下滑，在预选赛多次出现被对手边锋或者边后卫依靠速度突破的情况，但相比于替补席上的老将赫苏斯·纳瓦斯，卡瓦哈尔的防守还是更受德拉富恩特信任。纳瓦斯目前的定位完全是加强进攻的右后卫替补，传中精准度极为突出。西班牙队在预选赛面对挪威队，在卡瓦哈尔首发没有打开局面的情况下，德拉富恩特派上纳瓦斯，很快就依靠精准的传中助攻莫拉塔头球破门。但在防守端，纳瓦斯的弱点相比卡瓦哈尔更为明显，除了速度的劣势，纳瓦斯的对抗也容易被对手利用。如果纳瓦斯在场，对手经常会通过右侧起球传中到后点，然后左边锋包抄来与纳瓦斯争头球的方式来完成进攻。此外的右后卫，传中和任意球都不错的佩德罗·波罗，则因为预选赛面对苏格兰队防守端连续犯错而不受信任，但凭借本赛季在俱乐部的不错表现，他还有与纳瓦斯竞争的机会。而老将塞萨尔·阿斯皮利奎塔则已经基本被弃用。

中场：

三中场的组合，居中拖后的主力是罗德里，他在攻防两端都能起到极为重要的作用，中场的拦截与补位具备出色的硬度。在进攻端，罗德里的作用主要在于串联和向两个边路转移球，虽然没有布斯克茨那么出色的梳理能力，但罗德里突出的是后插上远射得分能力。罗德里的替补也很固定，马丁·苏维门迪有着出色的串联组织能力，但防守硬度弱于罗德里。苏维门迪在预选赛中出现过中场对抗失败丢失球权然后导致丢球的情况，而且在远射的威胁性上，苏维门迪与罗德里也有差距。

中场两侧，左侧的首发是梅里诺，他是西班牙队无球前插能力最强的中场，在左右肋部前插禁区的接应能很大程度扰乱对方的防线。同时在加维受伤之后，梅里诺也需要发挥自己在防守端的覆盖逼抢能力，制造在对方半场反抢就地打反击的机会。在加维重伤无缘欧洲杯之后，整个2023年一直因为伤病没有参加预选赛的佩德里，应该会直接取代加维，成为首发右中场。两人都是中场组合里个人盘带能力出色的球员，但不同的地方在于佩德里传球能力强于加维，能为队友创造更多机会，能发挥起进攻组织核心的作用。但在防守端，佩德里难以起到加维那么出色的逼抢作用，需要梅里诺和罗德里更多地协助。

中场两侧的轮换，首先是法比安·鲁伊斯，他主要是作为梅里诺的轮换，也具备竞争首发的可能性。法比安·鲁伊斯的踢法整体和梅里诺接近，以肋部前插为主，但在预选赛展现的效果要逊色于梅里诺；然而在有球组织和传威胁球方面，法比安·鲁伊斯还是有自己的优势在。另一个轮换更有可能选择奥伊安·桑塞特，他的特点在于后插上的进攻，在俱乐部也打过中锋的他具备不错的抢点能力，在预选赛上演国家队首秀就取得进球。此外的备选，在预选赛同样上演国家队首秀就进球的亚历克斯·巴埃纳也是进攻型中场，同时具备踢边锋的能力，能够与桑塞特竞争。在俱乐部发挥出色的亚历克斯·加西亚则具备不错的组织能力，还可以踢居中拖后的位置，有机会与法比安·鲁伊斯竞争。而像在预选赛作为中场效果不好的老将雅各·阿斯帕斯，包括已经离开欧洲主流联赛的塞尔希奥·卡纳莱斯，再包括本赛季受伤病影响较多的达尼·塞瓦略斯，进入名单的可能性就比较低了。

前锋：

主力左边锋在耶雷米·皮诺重伤后大概率会选择奥尔莫，左右两个边路他都能踢，兼具中场属性的他在左路比较擅长的还是内切射门，包括来到左肋部或者中路送出威胁传球。在预选赛中德拉富恩特也在需要加强进攻时让奥尔莫打过右中场。轮换的是尼科·威廉斯，他是西班牙队爆点能力最出色的边锋，左右两个边路都能打，具备非常快的速度和强有力的突破。此外的左边锋备选还有米克尔·奥亚萨瓦尔，但近些年伤病增多的他在边路的突破能力下滑很多，本赛季在俱乐部主打伪中锋。类似情况的还有安苏·法蒂，他本赛季在俱乐部主打前腰，边路突破的能力也是下降明显。突破较为出色的还有布莱恩·萨拉戈萨，他的脚下频率较快，但绝对速度不如尼科·威廉斯，与他特点相近的还有小将罗德里戈·里克尔梅。

主力右边锋最有可能的选择还是阿森西奥，他的内切射门和传中，包括与卡瓦哈尔的配合在进攻中的作用都很大。轮换的选择大概率会有小将拉明·亚马尔，亚马尔在人球结合上非常出色，整体的技术也非常全面，既能自己内切得分也能在肋部送出威胁传球。但亚马尔的劣势还是年龄太小，且对抗方面存在短板。右边锋还能竞争的人选是费兰·托雷斯，与前两名左脚球员不同，惯用右脚的费兰·托雷斯在右路不会有那么多内切，相对来讲他的无球跑动更为突出，走肋部的前插包括禁区里的包抄得分在预选赛中有很好的展现。其余的右边锋像巴勃罗·萨拉维亚和罗德里戈·莫雷诺，基本只能作为备选了。

主力中锋是队长莫拉塔，他的能力非常全面，高空球的争顶和背身拿球能力都不错，可以起到很好的支点作用，有着比较强的为队友传球、创造机会的能力。虽然他本赛季在俱乐部的状态不错，但是从预选赛来看，莫拉塔在门前把握机会方面依然不够稳定。替补的选择是何塞卢，作为一个抢点型的高中锋，他在预选赛展现了非常好的门前嗅觉和较高的得分效率，虽然在全能性以及为队友创造机会方面落后莫拉塔较多，但是何塞卢的特点非常适配“板凳奇兵”的角色。在其余征召过的中锋中，赫拉德·莫雷诺在友谊赛中被安排在前腰但效果一般，而博尔哈·伊格莱西亚斯和阿韦尔·鲁伊斯，基本只能作为备选了。

近年战绩

2022年世界杯：十六强

西班牙队在2022年世界杯与德国队、日本队和哥斯达黎加队一同被分进了“死亡之组”。小组赛首战西班牙队7：0横扫哥斯达黎加队，次战1：1战平德国队，虽然收官战西班牙队1：2被日本队逆转，但还是以净胜球优势力压德国队获得小组第二晋级淘汰赛。在1/8决赛，西班牙队面对摩洛哥队，双方鏖战120分钟战成0：0平。在最终的点球大战中，西班牙队三罚全失，止步十六强。

2022—2023赛季欧国联：冠军

西班牙队在第三届欧国联A级别比赛中与葡萄牙队、瑞士队和捷克队同处一个小组，最终西班牙队在小组赛中取得了3胜2平1负的战绩获得小组第一，晋级了2023年6月举行的淘汰赛。半决赛，西班牙队再度遭遇意大利队，最终依靠皮诺和何塞卢的进球，西班牙队2：1战胜意大利队，这也是前者连续两届欧国联半决赛战胜意大利队。最终的决赛，西班牙队与克罗地亚队鏖战120分钟踢成0：0。在点球大战中，西蒙扑出了对手的两个点球，帮助西班牙队夺得冠军。

Croatia
克罗地亚队

全称：克罗地亚国家男子足球队
绰号：格子军团
荣誉：2018年世界杯亚军
2022—2023赛季欧国联亚军
队史最佳阵容：4–3–3
门将：达尼耶尔·苏巴希奇
后卫：罗伯特·贾尔尼、斯拉文·比利奇、罗伯特·科瓦奇、达里约·斯尔纳
中场：卢卡·莫德里奇、尼科·科瓦奇、兹沃尼米尔·博班
前锋：马里奥·曼祖基奇、达沃·苏克、罗伯特·普罗辛内斯基

球队身价：2.86亿欧元
世界排名：10
出线概率：72.3%
夺冠概率：2.4%
现任教练：兹拉特科·达利奇
现任队长：卢卡·莫德里奇
球队核心：卢卡·莫德里奇
第一射手：安德烈·克拉马里奇
聚焦新星：约什科·格瓦迪奥尔

出线之路

克罗地亚队在欧洲杯预选赛抽签中被列为一档球队，最终与威尔士队、亚美尼亚队、土耳其队和拉脱维亚队同组。

克罗地亚队在第一场预选赛中就被威尔士队逼平，不过此后克罗地亚队拿到三连胜暂时位列小组第一。2023年10月，克罗地亚队在第五场和第六场预选赛中先后不敌土耳其队和威尔士队落入被动。但最后两场比赛，克罗地亚队以全胜收官，最终5胜1平2负位列小组第二出线。

征战历史

首次参赛年份：1996年
晋级欧洲杯次数：7次（1996、2004、2008、2012、2016、2021、2024年）
最好成绩：八强（1996、2008年）

预计首发

战术打法

克罗地亚队目前主要采用的是“433”阵形，这个阵形从主帅达利奇上任之后沿用至今，主要还是因为克罗地亚队拥有莫德里奇、科瓦契奇和布罗佐维奇三名能力出众的中场球员。如果这三名队员无法同时登场，克罗地亚队也会采用“442”或者“4231”等阵形，因为像卢卡·伊万努舍茨和洛夫罗·马耶尔等中前场攻击手都具备打多个位置的能力，克拉马里奇更是中锋、边锋和前腰都能胜任，可以在很大程度上增加阵容的灵活性。

在进攻端，克罗地亚队得益于三名中场良好的默契和丰富的经验，拥有出色的中场控制力，经常能在比赛当中占据控球率的优势。此时搭配克拉马里奇在前场的灵活跑动，以及边后卫的大幅插上就可以形成立体化的进攻。在这个体系下，布鲁诺·佩特科维奇或者安特·布季米尔这种高中锋的支点作用同样是不可或缺的。

在防守端，克罗地亚队主要是依靠三名中场的出色奔跑覆盖来形成第一道屏障，其中布罗佐维奇的跑动能力最为出色。在莫德里奇年龄增长之后，他的防区也容易成为对手针对的区域。因此如果要在特殊时刻大力加强防守，达利奇也有着变阵三中卫五后卫体系的战术备选。

门将：

主力门将还是利瓦科维奇，他的门线反应和扑点球能力都相当不错，但是出球一般且出击时控制范围较小。第二门将依旧是伊维察·伊武希奇。第三门将从预选赛开始已经固定成了内迪利科·拉布罗维奇，他挤掉了在俱乐部无法获得登场时间的伊沃·格尔比奇。

后卫：

格瓦迪奥尔是主力左中卫，他在防守端有不错的硬度和上抢能力，但对身后的保护相对一般；在进攻端，格瓦迪奥尔有不错的推进和出球能力，也可以胜任左后卫。主力右中卫是舒塔洛，他在预选赛发挥稳健，争顶和补位拦截是主要优势。替补方面，首先是老将多马戈伊·维达，他的运动能力在近些年下滑非常明显，机动性差的弱点容易被对手利用。因此马丁·埃尔利奇虽然在经验上少于维达，但硬实力上的优势还是可能让前者在轮换顺位上占优。

左后卫主力最有可能选择索萨，攻强于守的他有着不错的传中能力，但是防守的硬度和意识都比较一般。而且如果左边锋使用佩里希奇，达利奇会要求左后卫插上的幅度降低，这样的话索萨的优势便无法发挥。反倒是兼具中卫属性的博尔纳·巴里西奇更适合这样的踢法，但由于格瓦迪奥尔也能打左后卫，因此巴里西奇存在落选的可能。

主力右后卫是尤拉诺维奇，他的进攻能力突出，速度快且前插意识好，必要时也可以打右边锋，而且尤拉诺维奇相比替补的约瑟普·斯塔尼希奇在本赛季的俱乐部处境也要更好。斯塔尼希奇身材更为高大，兼具打中后卫的能力，但相对来说在速度和灵活性上弱于尤拉诺维奇。

中场：

三中场组合，居中的是布罗佐维奇，他主要承担拦截工作，奔跑能力突出，覆盖面广。替补是尼古拉·莫罗，但他存在落选的可能性，因为他在预选赛完全没有得到出场机会。只有伊万努舍茨代替布罗佐维奇踢过居中拖后的位置。

主力右中场是莫德里奇，他依旧是球队的组织核心，串联梳理和传威胁球的作用非常显著，但是年龄的增长让他的运动能力有所下滑，中场的覆盖拦截作用明显减弱。主力左中场是科瓦契奇，他的带球推进能力更为突出，而且在中场三人组中，他的无球插上也是最多的，会在禁区里创造更多的包抄点。

中场两侧的几名轮换都是多面手，伊万努舍茨除了中场所有位置都能踢外，还可以打左边锋，有着不错的肋部前插能力。马耶尔除了中场两侧的位置外，在预选赛多主打右边锋，因为在右路马耶尔可以发挥他的左脚优势，内切射门，右路传中吊后点的精准度也非常高。马里奥·帕沙利奇的属性就更丰富了，除了中场两侧的位置外，左右边锋乃至中锋他都能踢，在进攻端非常全能。但以上三名中场在踢边锋的时候，突破速度和门前把握机会的能力在预选赛都比较一般。此外在预选赛后期得到机会的小将马丁·巴图里纳也有机会进入名单。

前锋：

左边锋主力大概率还是佩里希奇，他目前已经摆脱了伤病。佩里希奇的左右脚很均衡，既能内切射门又能外线传中，是队内爆点能力最强的边锋。右边锋主力是克拉马里奇，他在前场位置非常灵活，左右边锋都能打，变阵“4231”时也可以踢前腰。当然达利奇有时也会直接让克拉马里奇打中锋，来发挥克拉马里奇的拿球策应能力。

边锋轮换除了刚才说的几名可以代打的中场之外还有尼古拉·弗拉希奇，他的特点其实也是内收到中路和肋部串联组织，缺乏边路爆点能力。如果变阵“4231”，将弗拉希奇放到前腰的位置，他便可以更好地发挥自己的特点。纯粹的边锋备选是马尔科·帕沙利奇，他主要打右路，速度和前插积极性都不错，但是门前把握机会的能力比较糟糕。因此他的顺位可能落后于与他竞争的马尔科·皮亚察，相对来说主打左路的皮亚察经验要更丰富一些。

主力中锋大概率还是佩特科维奇，他作为高中锋具备出色的背身支点战术作用，而且进攻手段多样，除了争顶包抄，还有相当出色的远射和直接任意球。替补中锋是安特·布迪米尔，他同样是擅长争顶的高中锋，但全能性弱于佩特科维奇。

备选：约瑟普·布雷卡罗

近年战绩

2022—2023赛季欧国联：亚军

克罗地亚队在第三届欧国联A级别比赛中与法国队、丹麦队和奥地利队3支球队同处一个小组。虽然克罗地亚队一上来遭遇1平1负的开局，但此后“格子军团”拿下4连胜获得小组第一晋级决赛圈。半决赛，克罗地亚队在加时赛4∶2击败荷兰队；决赛，克罗地亚队面对西班牙队，两支球队鏖战120分钟后战成0∶0，点球大战中克罗地亚队最终败下阵来获得亚军。

2022年世界杯：季军

克罗地亚队在2022年世界杯与比利时队、摩洛哥队和加拿大队同处一个小组。克罗地亚队首战闷平摩洛哥队，第二战大胜加拿大队，收官战惊险战平比利时队，最终晋级十六强。1/8决赛，克罗地亚队依靠点球大战淘汰日本队，1/4决赛又是依靠点球大战淘汰巴西队。半决赛，缺兵少将的克罗地亚队不敌阿根廷队，最终在季军赛中击败摩洛哥队获得季军。

Italy
意大利队

全称：意大利国家男子足球队
绰号：蓝衣军团
荣誉：1934、1938、1982、2006年世界杯冠军
1968年、2020欧洲杯冠军
队史最佳阵容：4-4-2
门将：詹路易吉·布冯
后卫：保罗·马尔蒂尼、加埃塔诺·西雷阿、弗朗哥·巴雷西、法比奥·卡纳瓦罗
中场：罗伯托·巴乔、弗朗切斯科·托蒂、安德烈亚·皮尔洛、布鲁诺·孔蒂
前锋：路易吉·里瓦、朱塞佩·梅阿查

球队身价：7.57亿欧元
世界排名：9
出线概率：84.3%
夺冠概率：6.3%
现任教练：卢西亚诺·斯帕莱蒂
现任队长：詹路易吉·唐纳鲁马
球队核心：尼科洛·巴雷拉
第一射手：费代里科·基耶萨
聚焦新星：乔治·斯卡尔维尼

出线之路

意大利队在欧洲杯预选赛抽签中被列为一档球队，最终与英格兰队、乌克兰队、北马其顿队和马耳他队同组。

意大利队在预选赛的经历非常坎坷，第一战就被英格兰队击败，第三战又被北马其顿队逼平，好在意大利队在第四战击败乌克兰队占据了优势。虽然意大利队被英格兰队“双杀”，但是在最后两战击败北马其顿队以及战平乌克兰队后，意大利队4胜2平2负获得小组第二出线。

征战历史

首次参赛年份：1968年
晋级欧洲杯次数：11次（1968、1980、1988、1996、2000、2004、2008、2012、2016、2021、2024年）
最好成绩：冠军（1968、2021年）

预计首发

战术打法

斯帕莱蒂在上任之后，把自己在俱乐部所惯常使用的“433”阵形也带到了意大利队，但是斯帕莱蒂的“433”阵形变化多样，在面对不同对手时，意大利队在攻防两端都有不一样的站位改变，而且也存在直接使用“3421”的三中卫阵形的可能性。

面对实力弱于自己的对手，意大利队可以更好地控制球权的时候，其防守阵形就会是比较规则的“433”站位；而在进攻端，意大利队则会整体前压，变成近似于“352”的站位。在这样的思路下，攻击力出色的左后卫迪马尔科会向上前压，而右后卫迪洛伦佐则会内收一些，变成三中卫中的右中卫，由右边锋在边路主导右侧进攻。由于左边迪马尔科的压上，左边锋基耶萨的站位则更靠近肋部和中路，拥有更大的进攻自由度。

如果面对实力强于自己的对手，意大利队无法掌控太多控球权的时候，球队则会在进攻时站成比较规则的“433”；在防守端，由于迪马尔科兼具打左中卫的能力，他会内收变成三中卫中的左中卫，基耶萨在左路回收更深，右侧的迪洛伦佐变成五后卫里的右边翼卫，贝拉尔迪则前提与中锋形成第一道防线，整体阵形趋近于“532”。或者直接采用“3421”的三中卫五后卫阵形。

名单解析

门将：

意大利队的主力门将还是2020欧洲杯的最佳球员唐纳鲁马，虽然他在预选赛的整体发挥一般，但是斯帕莱蒂对他的能力还是非常认可和信任的。第二门将存在竞争，更有可能的是亚历克斯·梅雷特，他在2020欧洲杯作为第三门将跟随球队获得冠军，而且还是斯帕莱蒂的嫡系球员，地位还是非常稳固的。与他竞争的是古列尔莫·维卡里奥，维卡里奥本赛季来到英超发挥突出，在2024年完成国家队首秀后，存在顺位超过前者的可能。而上赛季的意甲最佳门将伊万·普罗韦德尔，目前只能是作为其他球员受伤时的备选了，前面三人如果有谁出现伤病，普罗韦德尔是最有可能递补的选择。此外的门将，还有在预选赛征召过的马尔科·卡尔内塞基和乌拉迪米罗·法尔科内。

后卫：

中卫目前只有阿切尔比可以锁定主力位置，他虽然是左脚球员，但左右中卫都能踢，具体踢哪一边要看与谁搭档，若变阵三中卫，他是居中的主力选择。阿切尔比经验丰富，擅长指挥防线，并且防守硬度和高空争顶都相当出色。但相对来说，阿切尔比的灵活性和速度一般，防守速度型前锋时会比较吃力。目前来看更有可能与阿切尔比组成首发组合的还是斯卡尔维尼，斯卡尔维尼作为右脚球员，打右中卫会与阿切尔比搭档更顺畅，变阵三中卫时，斯卡尔维尼左右中卫都能胜任。他的优点在于极为出色的出球能力，长传、短传精度都很高，但是在防守端的经验较少，移动补防能力较差，与阿切尔比的弱点较为一致，容易被对手利用。与斯卡尔维尼竞争的是亚历山德罗·巴斯托尼，他虽然与阿切尔比是俱乐部的队友，但两人同为左脚球员，如果要一同首发就是巴斯托尼打左中卫，阿切尔比打右中卫。变阵三中卫时，巴斯托尼基本可以锁定左中卫首发，他的优点和斯卡尔维尼类似，具备优秀的出球能力，而且带球推进以及在进攻端的肋部前插意识要更为突出。在防守端，巴斯托尼的机动性相比斯卡尔维尼更好，但是弱点在于比较冒失，不冷静地上抢容易暴露自己身后的空当。再加上如果使用巴斯托尼，需要让阿切尔比较别扭地去踢右中卫，所以目前巴斯托尼顺位还是落后于斯卡尔维尼，斯帕莱蒂在预选赛也没有让巴斯托尼和阿切尔比一同登场过。第四中卫大概率会选择左脚球员亚历山德罗·布翁焦尔诺，他的防守硬度更好，但在进攻端的前插参与度一般。此外的备选，两名右脚中卫唐卢卡·曼奇尼和费代里科·加蒂的顺位比较靠前，前者在防守端要稳健一些，后者则在进攻端优势明显。其余的中卫，左脚球员的备选有亚历山德罗·罗马尼奥利，右脚球员的备选则有詹卢卡·曼奇尼和尼科洛·卡萨莱。此外像老将拉斐尔·托洛伊、莱奥纳尔多·博努奇，由于状态下滑和在俱乐部的位置不稳，已经基本不可能再入选名单了。

主力左后卫是迪马尔科，他在进攻端有着非常出色的前插进攻能力，边路传中的精准度也很高，而且在边路和肋部与基耶萨配合默契。由于迪马尔科在俱乐部也打过左中卫，如果面对强敌他也可以在防守端更加内收。替补是德斯蒂尼·乌多基，相比迪马尔科，乌多基的身体素质更为出色，但是在经验和技术细节上还有欠缺。乌多基在防守端同样可以内收成为左中卫，甚至在预选赛还踢过左中场的位置。此外的左后卫，在预选赛还征召过攻守均衡、经验丰富的克里斯蒂亚诺·比拉吉。而2020欧洲杯的两名左后卫莱奥纳尔多·斯皮纳佐拉和埃默松·帕尔米耶里都因为状态下滑已经被弃用了。

主力右后卫是迪洛伦佐，他攻守均衡，进攻时通常会内收，站在类似右中卫的位置来串联保护，压上幅度不大。但如果需要加强进攻，迪洛伦佐在边路也具备相当出色的助攻能力。替补是马泰奥·达尔米安，受在俱乐部的惯常踢法影响，达尔米安更适应内收做右中卫的踢法，但在进攻端的犀利程度上，要弱于迪洛伦佐。在变阵三中卫阵形时，球队需要一名边翼卫，安德烈·坎比亚索是最有可能的选择，他左右两边都能胜任。此外的右后卫，还有达维德·卡拉布里亚和曼努埃尔·拉扎里可以作为备选。

中场：

三中场的组合，居中拖后的主力还有悬念，三名球员都有竞争主力的可能性。最有可能打首发的还是洛卡特利，他在中场具备着不错的串联梳理能力，对进攻端的帮助较大，可以很好地起到由守转攻的作用，但是相对来说洛卡特利在防守的拦截与覆盖上比较一般。因此三人中唯一偏防守型的布赖恩·克里斯坦特，反而是目前三人中在名单里位置最稳的，硬度和正面拦截能力要强于洛卡特利和若日尼奥，克里斯坦特虽然不一定会打首发，但是依靠着防守属性会成为重要的替补备选，像在预选赛面对英格兰队这样的强敌，斯帕莱蒂也是直接让克里斯坦特进入首发。三人中相对落选可能性最大的还是若日尼奥，由于他在俱乐部难以获得太多的上场时间，斯帕莱蒂上任后一度弃用了若日尼奥，直到最后两场预选赛洛卡特利受伤，在需要加强进攻，必须让一个中场串联组织能力更好的球员首发时，才重新使用若日尼奥。但是若日尼奥在比赛中依旧暴露了拦截硬度不足，且横移较慢、防区容易被通过的弱点，他在防守劣势上要比洛卡特利更明显。在最终的人员选择上，也存在三人同时入选的可能性。

中场两侧，左侧的首发是巴雷拉，他是意大利队的进攻组织核心，有着出色的送威胁球能力。巴雷拉的特点和另一侧的首发中场弗拉泰西可以形成很好的互补，弗拉泰西的特点是后插上得分能力出色，在意大利队缺乏稳定得分点的情况下，弗拉泰西的这个优点还是被斯帕莱蒂非常看中的。因此在进攻时，巴雷拉和弗拉泰西的站位也并不是完全分居两侧，经常是巴雷拉相对深一些的位置持球，而弗拉泰西在靠前一些的位置准备无球前插禁区。在变阵“3421”时，巴雷西会打后腰，弗拉泰西则会打前腰。

中场两侧的轮换，首先是洛伦佐·佩莱格里尼，他左中场、左边锋都能胜任，在变阵“3421”时会打前腰。佩莱格里尼在中场具备出色的创造力，同时还有不错的后插上得分能力。另一个轮换是老将贾科莫·博纳文图拉，他本赛季在意甲重获新生，无论是传威胁球为队友创造机会，还是前插射门得分，博纳文图拉在预选赛当中都有展现。但在友谊赛变阵“3421”的试验中，作为后腰的博纳文图拉出现了不太适应的情况，在中后场的拿球、出球失误较多，还导致过丢球，这应该会对他的顺位造成一定影响。此外的备选，在桑德罗·托纳利被禁赛无缘欧洲杯之后，并没有其他人可以胜任，米夏埃尔·弗洛伦肖经验尚浅，马泰奥·佩西纳在斯帕莱蒂上任后并不被信任，而已经离开欧洲主流联赛的马尔科·韦拉蒂，更是在斯帕莱蒂上任后再也没有被意大利队征召过。

前锋：

主力左边锋是基耶萨，他是意大利队在进攻中最为倚仗的爆点球员，出色的人球结合和一对一突破能力是意大利队其他边锋所不具备的。所以斯帕莱蒂在进攻中给基耶萨的自由度非常高，拉边突破还是中路强打完全看基耶萨自己在场上的想法，迪马尔科和巴雷拉等球员会尽可能地配合基耶萨来参与进攻，而且基耶萨在意大利队有着近乎无限的开火权，在其他战术不奏效时，很多时候就是需要靠基耶萨的单兵能力解决问题。替补左边锋目前竞争比较激烈，类型与基耶萨类似、以内切突破撕开防守为主要特点的马蒂亚·扎卡尼是较为可能的替补人选。与他竞争的两名球员，一个是身体素质出色、冲击力强，中锋、边锋都可以胜任，但技术相对粗糙的莫伊塞·基恩；另一个是经验丰富，跟队友配合较好，且可以更好胜任回收踢边翼卫角色的斯特凡·沙拉维。而爆点能力出色的小将威尔弗里德·尼翁托，由于他本赛季在俱乐部状态起伏不定，在竞争中已经基本掉队了。在俱乐部表现尚可的温琴佐·格里福，更是在斯帕莱蒂上任后完全没有被征召过。

主力右边锋在贝拉尔迪重伤无缘欧洲杯后存在比较大的变数，如果变阵“3421”，斯帕莱蒂便大概率会撤下这个位置的人员，将弗拉泰西前提，然后再多上一个中后卫或者边翼卫。尼科洛·扎尼奥洛是此前右边锋的常规轮换选择，他的特点与贝拉尔迪类似，进攻端更多的作用在于内收串联组合和传威胁球。扎尼奥洛双脚能力均衡，左右边锋都能踢，技术细腻程度在意大利队是比较突出的，所以他是目前主力右边锋最有可能的选择。不过扎尼奥洛的运动能力和速度，在两次重伤之后已经遭遇了不可逆转的影响，现在的他想要在边路一对一突破对方边后卫的防守也相对比较困难，而且他本赛季在俱乐部并没有稳定的登场时间，相对来说隐患较大。替补的选择，目前来看更有可能是里里卡尔多·奥尔索利尼，作为左脚球员，他具备不错的内切射门能力，得分效率强于扎尼奥洛。但是在串联进攻和为队友创造机会上，奥尔索利尼的能力则比较一般，加上国家队经验不足，因此也存在落选可能。右边锋此外的备选，马泰奥·波利塔诺脚下灵动、速度快，还有一脚内切打门，但是在全能性上相对来说不如扎尼奥洛和奥尔索利尼，在斯帕莱蒂上任后得到的机会也不多，目前基本只能是作为备选。

主力中锋是富有灵动性的拉斯帕多里，他在中前场非常全能，两侧边锋也能踢，进攻时与队友会有很多的换位跑动，能够带乱对方的防守，但受制于身高，缺乏背身支点作用。因此替补中锋应该会选择一名高中锋，目前顺位靠前的是归化球员马特奥·雷特吉，他的优势在于抢点和得分，争顶的成功率并不算很高。詹卢卡·斯卡马卡这两年在背身对抗和支点作用上的进步还是比较明显的，但他本赛季在俱乐部没有稳定的主力位置，状态起伏不定，因此顺位相对落后。此外的中锋，像已经下滑严重的老将奇罗·因莫比莱，基本只能是作为备选了。

近年战绩

2022—2023赛季欧国联：季军

意大利队在第三届欧国联A级别比赛中与英格兰队、德国队和匈牙利队同处一个小组。前3轮比赛意大利队取得了1胜2平的不败战绩，虽然在第4轮2∶5惨败给德国队，但最后两轮比赛意大利队面对英格兰队和匈牙利队取得全胜，获得小组第一晋级淘汰赛。半决赛，意大利队连续两届遭遇西班牙队，再度以1∶2的比分遭到淘汰。在季军赛中，意大利队击败荷兰队，连续两届欧国联获得季军。

Albania
阿尔巴尼亚队

全称：阿尔巴尼亚国家男子足球队
绰号：红鹰
队史最佳阵容：4-4-2
门将：克马尔・沃格利
后卫：阿尔丁・哈奇、洛里克・查纳、鲁迪・瓦塔、埃尔塞德・希萨伊
中场：里扎・卢查、阿尔汀・拉拉、苏莱曼・德莫拉里、纳伊姆・克吕埃齐乌
前锋：洛罗・博里奇、帕纳约特・帕诺

球队身价：1.23亿欧元
世界排名：64
出线概率：25%
夺冠概率：0.1%
现任教练：西尔维尼奥
现任队长：贝拉特・吉姆西蒂
球队核心：内迪姆・巴伊拉米
第一射手：亚西尔・阿萨尼
聚焦新星：克里斯蒂安・阿斯拉尼

出线之路

阿尔巴尼亚队在欧洲杯预选赛抽签中被列为三档球队，最终与波兰队、捷克队、摩尔多瓦队和法罗群岛队同组。

阿尔巴尼亚队虽然在预选赛首战就不敌波兰队，但是此后5场比赛阿尔巴尼亚队发挥出色取得了4胜1平的战绩，占据了出线主动权。倒数第二战阿尔巴尼亚队战平摩尔多瓦队提前出线。最终阿尔巴尼亚队以4胜3平1负的战绩，获得小组第一。

征战历史

首次参赛年份：2016年
晋级欧洲杯次数：1次（2016年）
最好成绩：小组赛（2016年）

预计首发

战术打法

阿尔巴尼亚队在预选赛主要采用的是“4231”阵形，这个阵形相对来说攻守比较平衡，西尔维尼奥也没有给球队设计特别复杂的战术打法。在欧洲杯面对同小组三个纸面实力强于自己的对手，阿尔巴尼亚队应该还是会以防守反击的战术为主。

在进攻端，阿尔巴尼亚队的打法比较简单直接，没有特别多的小范围快速传切配合。进攻以长传和长距离的直传为主，力求以最快的速度推进到对手的防守区域。阿尔巴尼亚队在进攻中最大的特点就是只要有空间，无论是哪名队员，都会坚决地起脚远射。在预选赛中阿尔巴尼亚队有一半的进球来自禁区之外的远射，是所有晋级球队中在禁区外进球占比最高的一支球队。

在防守端，阿尔巴尼亚队会把整体的防线退得比较深，两侧的边前卫会尽可能地回收来协助边后卫防守。在中场方面，前腰巴伊拉米的位置靠前，他与中锋站在一起作为防线的最前沿，如果断球形成反击，队友会第一时间将球踢到巴伊拉米脚下，靠他的推进能力来创造反击机会。如果需要进一步加强防守，西尔维尼奥通常会改变中场的站位，将“4231”阵形变为“433”阵形来增强中场的拦截能力。

门将：

主力门将是老将贝里沙，2016年欧洲杯时他就是阿尔巴尼亚队的首发门将，丰富的经验是他的优势所在。第二门将是托马斯·斯特拉克沙，他在预选赛也获得过轮换登场的机会，但他相比贝里沙经验较少且本赛季在俱乐部并非主力。第三门将也很固定，是在预选赛一直能进入比赛名单的埃尔汉·卡斯特拉蒂。

后卫：

主力左中卫是队长吉姆西蒂，他的综合防守能力是队内最为出色的，他有着不错的正面拦截和高空球争顶能力。与他搭档的右中卫是伊斯梅利，相对来说他的防守硬度和防空能力一般，在预选赛出现过禁区内争顶和对抗失败导致丢球的情况，但在拦截补位方面，伊斯梅利整体还是比较稳健的。

替补中卫首先是埃内亚·米哈伊，他在联赛后半程坐稳俱乐部主力位置，这也让他重新赢得了在国家队的位置，但他在友谊赛中也出现了和伊斯梅利类似的防空问题。另一名替补中卫存在竞争，阿林德·阿耶蒂的特点在于出球，有用长传球打对手防线身后的能力。曾经的主力马拉什·孔布拉，他在本赛季遭遇长期伤病，在俱乐部也难以获得登场时间，存在落选的可能性。

主力左后卫是米塔伊，他这一侧相对来说压上助攻的力度不大，在后场的长传策动是米塔伊参与进攻的主要方式。如果左后卫需要轮换，就会用主力右后卫希萨伊来代打，他左右边后卫都能胜任，在进攻端的前插会相对多一些，在右路与边前卫阿萨尼的配合也打得不错。但是希萨伊由于此前的几次重伤，现在运动能力一般，在防守端容易跟防不到位。如果希萨伊去代打左后卫，那么右后卫就会使用轮换的伊万·巴柳，他的攻守比较平衡，在防守端的机动性要比希萨伊好一些，但进攻端的犀利程度一般。

备选：埃内亚·米哈伊、约恩·梅尔西纳伊、纳赛尔·阿利吉

后腰：

双后腰组合，阿斯拉尼在进攻中主要负责长传的调度转移，而且还有一脚出众的后插上远射，但在防守端，阿斯拉尼意识较差，容易出现失位漏防。他的搭档拉马达尼在防守端的逼抢硬度要更出色一些，在进攻端则是更偏向带球推进，变阵“433”时拉马达尼主打居中拖后的中场。轮换首先是凯迪·巴雷，他的特点和拉马达尼类似，在进攻中的后插上要多一些。另一个轮换位置存在竞争，卡齐姆·拉奇的奔跑覆盖能力强，且在进攻中有更突出的后插上能力，目前顺位更靠前。身材高大且经验丰富的克劳斯·贾苏拉正面拦截能力出色，具备突出的争顶能力，但是移动能力较差。

备选：林登·塞拉希、阿米尔·阿布拉希

前卫：

主力前腰是巴伊拉米，他是球队的进攻核心，是由守转攻时最重要的推进点。进攻中巴伊拉米更习惯在左肋部活动，他的内切远射非常有威胁，变阵“433”时可以胜任左边锋。轮换是和巴伊拉米类型相似的埃内斯特·穆奇，他的带球推进和远射得分能力在预选赛中都有展现，他也喜欢在左肋部活动。

主力左边前卫是塞费里，他的特点是比较全能，中锋和边前卫都能打，具备比较好的后点包抄意识，但是在门前的稳定性一般。轮换的选择是米尔托·乌祖里，他同样是边前卫和中锋都能打，速度和冲击力是他的优势，他主要被当作替补席上改变战局的选择。

主力右边前卫是阿萨尼，内切远射是他标志性的得分手段，射门力量十足且角度刁钻。替补存在竞争。左脚球员阿尔布诺尔·穆乔利左右两边都能胜任，在右路与阿萨尼一样以内切为主，目前顺位也更靠前。右脚球员阿尔布诺尔·穆亚则在右路下底传中会比较多，也可以打左边锋，但进攻的犀利程度与阿萨尼还是有较大差距。

备选：阿尔布诺尔·穆乔利、奥迪塞·罗希、阿尼斯·穆罕默蒂

前锋：

主力中锋大概率还是布罗亚，虽然他因伤缺席预选赛，但作为全队身价最高的球员，布罗亚的综合能力还是队内最强的，兼具对抗硬度、机动性和更高的门前得分转化率。替补是在预选赛一直首发的老将索科尔·奇卡莱什，他的特点偏向策应，为队友创造机会，但是自己的得分能力非常一般。此外还有米尔林德·达库，他作为高中锋高空球争顶和背身对抗都很出色，有突出的支点作用，但技术相对粗糙，传球与射门的准确度都一般。与他竞争的是雷伊·马纳伊。

备选：马尔文·库尼、阿尔曼多·萨迪库

近年战绩

2022—2023赛季欧国联：B级别小组赛第三

阿尔巴尼亚队在第三届欧国联B级别比赛中与以色列队和冰岛队分在同一个小组，当时阿尔巴尼亚队的主教练还是爱德华多·雷亚。2022年6月，阿尔巴尼亚队在前两战分别以1∶1打平冰岛队、1∶2不敌以色列队。之后在2022年9月的后两场小组赛中，阿尔巴尼亚队依然不敌以色列队、战平冰岛队，最终2平2负排名小组第三。欧国联的糟糕战绩也最终促使阿尔巴尼亚足协换帅，在2023年任命西尔维尼奥带领球队征战欧洲杯预选赛。

C组

“丹麦童话”欲上演，“三狮军团”签运佳

斯洛文尼亚

丹麦

塞尔维亚

英格兰

全景瞭望

详细赛程

第1轮

开球时间	交战双方	比赛场地	观赛指数	进球展望
6月17日 00:00	斯洛文尼亚队 VS 丹麦队	梅赛德斯-奔驰 竞技场	★★	≤2
6月17日 03:00	塞尔维亚队 VS 英格兰队	费尔廷斯竞技场	★★★★★	≥2

第2轮

开球时间	交战双方	比赛场地	观赛指数	进球展望
6月20日 21:00	斯洛文尼亚队 VS 塞尔维亚队	安联球场	★	≤2
6月21日 00:00	丹麦队 VS 英格兰队	商业银行竞技球场	★★★★★	≤2

第3轮

开球时间	交战双方	比赛场地	观赛指数	进球展望
6月26日 03:00	丹麦队 VS 塞尔维亚队	安联球场	★★	≤2
6月26日 03:00	英格兰队 VS 斯洛文尼亚队	莱茵能源球场	★★★★	≥3

红牌概率	点球概率	冷门指数	比分预测	球迷预测
4%	45%	★	0 : 1; 0 : 2	□:□; □:□
40%	55%	★	0 : 2; 0 : 4	□:□; □:□

红牌概率	点球概率	冷门指数	比分预测	球迷预测
25%	35%	★★	0 : 0; 1 : 1	□:□; □:□
60%	60%	★★★★	1 : 0; 0 : 1	□:□; □:□

红牌概率	点球概率	冷门指数	比分预测	球迷预测
40%	35%	★★	2 : 0; 1 : 0	□:□; □:□
72%	90%	★	4 : 1; 5 : 0	□:□; □:□

焦点短评

丹麦队VS英格兰队

2020欧洲杯半决赛的对决，将在2024年欧洲杯小组赛重演。对于那场跌宕起伏、踢满120分钟的半决赛，很多球迷应该还有印象。丹麦队小将米克尔·达姆斯高，用直接任意球为球队首开纪录，但9分钟之后丹麦队队长西蒙·克亚尔的乌龙球让英格兰队扳平比分。最终英格兰队凭借哈里·凯恩在加时赛的进球逆转淘汰丹麦队，首次打进欧洲杯决赛。

3年之后，两支球队都发生了很大的变化，在那场半决赛中枯坐120分钟的祖德·贝林厄姆，如今已经成为英格兰队的铁打主力。而丹麦队大放异彩的达姆斯高，却似乎已经在频繁的伤病中泯然众人矣。但仇人相见，分外眼红，复仇的机会就摆在眼前，丹麦队又岂能轻言放弃？

斯洛文尼亚队VS丹麦队

经过24年的等待，斯洛文尼亚队终于迎来第二次欧洲杯之旅，对于扬·奥布拉克和他的队友来讲，这届欧洲杯已经期盼了太久，而且这将是他们的第一场国际大赛。丹麦队是斯洛文尼亚队知根知底的老对手，两支球队在预选赛分在一个小组，相互之间没有秘密可言。两场比赛丹麦队1胜1平力压斯洛文尼亚队获得小组第一，而冥冥之中自有天意，当正赛中两支球队再度被分进同一个小组时，奥布拉克和队友不会错过这个天赐的复仇良机。

本组之星

哈里·凯恩

出生日期：1993年7月28日

对于已经年过而立的凯恩来讲，对冠军的渴望已经越发强烈，所以也促成了他在2023年夏天转会拜仁的选择。虽然换了一个环境，但凯恩依旧展现出了超一流的个人表现。2020欧洲杯，凯恩作为英格兰队队长，带领球队已经无限接近于那梦寐以求的奖杯，但最终在点球大战中功亏一篑。现如今伴随着贝林厄姆以及布卡约·萨卡等人的成长，凯恩的信心自然也越发充足，2024年欧洲杯，凯恩或许真的可以等来作为队长高举奖杯的瞬间。

作者视角

在本小组当中，英格兰队的实力是明显胜过另外三支球队的，在2023年贝林厄姆快速成长之后，英格兰队的实力再度得到提升，英格兰队也成为2024年欧洲杯的夺冠热门球队。因此在小组赛，英格兰队主要的任务就是通过比赛来调整球员的状态，为之后的淘汰赛做好准备。拿到小组第一顺利出线，是英格兰队在小组赛阶段的唯一目标。

其他三支球队之间的实力差距就非常小了，丹麦队还是出线的机会相对要大一些。虽然相比于上届欧洲杯的四强阵容，现在的丹麦队人员老龄化严重、实力下降明显，在2022年世界杯上也是小组赛出局，但是拉斯穆斯·霍伊伦的出现还是解决了丹麦队的锋无力问题，他在预选赛8场7球的表现能够让丹麦队的球迷看到希望。再加上克亚尔和卡斯帕·舒梅切尔等老将丰富的经验，以及在预选赛面对斯洛文尼亚队形成的心理优势，丹麦队小组赛出线应该问题不大。

塞尔维亚队虽然纸面实力不俗，但是阵容短板非常明显，后防线球员普遍转身回追慢。而且塞尔维亚队的主帅德拉甘·斯托伊科维奇的执教理念相对固执，坚持传控压制的战术风格，在比赛当中很少改变战术。因此塞尔维亚队在本届欧洲杯的前景并不被人看好，可能会重现类似于2022年世界杯时的比赛走势。

斯洛文尼亚队则是小组四支球队当中纸面实力最差的一支，除了奥布拉克以及本杰明·塞斯科等少数球员之外，绝大多数的队员都不在五大联赛效力。由于球队中所有球员都没有任何参加洲际大赛的经验，球队想从小组赛当中突围确实显得非常困难。

祖德·贝林厄姆

出生日期：2003年6月29日

2023年下半年，贝林厄姆甚至可以说是五大联赛中最令人瞩目的球星，在加盟皇马后，贝林厄姆有着现象级别的表现。在埃尔林·哈兰德无缘欧洲杯的情况下，很多人甚至已经在将贝林厄姆和基利安·姆巴佩放在一起作比较。还不满21岁的贝林厄姆，已经是第二次参加欧洲杯了，已经从轮换球员成长为英格兰队的绝对主力和凯恩身边的头号帮手。2024年欧洲杯，贝林厄姆或许有能力凭借自己的表现去改变现如今所谓的姆巴佩和哈兰德的新“双骄”足坛格局。

Slovenia
斯洛文尼亚队

全称：斯洛文尼亚国家男子足球队
绰号：龙城
队史最佳阵容：4–3–1–2
门将：萨米尔·汉达诺维奇
后卫：德佐尼·诺瓦克、马尔科·埃尔斯纳、达尔科·米拉尼奇、米索·布雷茨科
中场：布兰科·奥布拉克、阿莱什·切赫、斯雷茨科·卡塔内茨
前腰：兹拉特科·扎霍维奇
前锋：伊万·托普拉克、达尼洛·波皮沃达

球队身价：1.30亿欧元
世界排名：55
出线概率：41.1%
夺冠概率：0.3%
现任教练：马特贾斯·科克
现任队长：扬·奥布拉克
球队核心：亚当·格涅兹达·切林
第一射手：本亚明·舍什科
聚焦新星：本亚明·舍什科

出线之路

斯洛文尼亚队在欧洲杯预选赛抽签中被列为三档球队，最终与丹麦队、芬兰队、哈萨克斯坦队、北爱尔兰队和圣马力诺队同组。

斯洛文尼亚队在预选赛前两战分别击败哈萨克斯坦队和圣马力诺队拿下两连胜。在随后的两轮中，斯洛文尼亚队虽然先是不敌芬兰队，然后战平丹麦队，但此后的一波4连胜让其占据出线主动权。斯洛文尼亚队在最后一轮战平哈萨克斯坦队后，以7胜1平2负的战绩获得小组第二。

征战历史

首次参赛年份：2000年
晋级欧洲杯次数：1次（2000年）
最好成绩：小组赛（2000年）

预计首发

战术打法

斯洛文尼亚队采用目前在国家队层面比较罕见的“442”阵形，主要原因是球队的中锋位置相对来讲有很多的优秀球员，因此采用一高一快的双前锋组合。斯洛文尼亚队并没有很强的控球能力，也没有很细腻的技战术配合，整体的战术思路以简单直接的防守反击为主，主要依靠前场球员的个人能力来完成快速进攻。

在进攻端，球队主要依靠两名前锋不同的特点来实现快速反击，高中锋舍什科有出色的一点争顶能力，本方断球之后，队友会第一时间通过长传来寻找他，舍什科的一点争抢通常都会把球摆渡到对方防线身后，而他的锋线搭档什波拉尔就是一个机动性强、跑位机敏的前插型前锋。斯洛文尼亚队在预选赛靠着舍什科争一点摆渡，然后什波拉尔插对手身后的战术，完成了多次反击破门。

在防守端，在斯洛文尼亚队面对大多数球队时，其“442”阵形会导致中场人数处在劣势，如果两名前锋的回撤不够积极，禁区弧顶的位置很容易暴露出来。所以在预选赛中一些需要加强防守的时段，科克也尝试过用防守型后腰换下一名前锋，切林站位前提的“4231”阵形，这种阵形相对来说可以更好地对本方禁区进行保护。

门将：

主力门将是队长奥布拉克，他是全队身价最高的球员，在预选赛多次贡献关键扑救，门线反应在众多门将中依旧属于最顶尖的一档。第二门将是老将维迪·贝莱克，他在预选赛和友谊赛也获得过登场机会。第三门将是同样在预选赛登场过的马泰夫日·维多夫舍克，但由于他本赛季的伤病，因此伊戈尔·韦基奇利也有机会竞争第三门将的位置。

备选：阿利亚日·伊瓦契奇

后卫：

主力左中卫是比约尔，他的争顶能力非常出色，在定位球进攻中经常能发挥作用，同时比约尔还具备不错的出球能力。主力右中卫还存在竞争，布拉日奇的可能性要更大，他的经验更为丰富，协防补位以及后场出球做得更好，但防空能力一般。与他竞争的是达维德·布雷卡洛，他的正面拦截硬度以及高空争顶能力更出色，但是盯人意识和补防能力相比布拉日奇要弱一些。还有就是瓦尼亚·德尔库希奇，他的机动性比较突出，在需要加强防守时，德尔库希奇经常被安排出任右后卫。

主力左后卫是扬扎，他的进攻属性非常突出，边路传中以及后场斜长传的精准度都相当不错，在预选赛还完成过直接任意球破门，但扬扎的防守能力一般，对身后的保护经常有不到位的情况。替补左后卫尤雷·巴尔科维茨的特点和扬扎类似，同样是攻强守弱，在防守端的问题是硬度不足，留给对手传中和射门的空间比较大。因此如果要加强防守，科克会让主力右后卫卡尔尼奇尼克来打左后卫。

卡尔尼奇尼克攻守兼备，在进攻端边路插上力度相当大，打左后卫时还会内切射门；在防守端，他的硬度和补位意识也比较出色。如果卡尔尼奇尼克去代打左后卫，那么右后卫有两个选择：若球队还要保持进攻，会让主力右边前卫斯托扬诺维奇回撤打右后卫；如果球队要加强防守，那就是让德尔库希奇代打右后卫。

备选：扎恩·扎莱泰尔

中场：

双后腰组合，埃尔什尼克主要负责防守拦截，他的搭档切林在进攻中会更多地参与前插，后者传威胁球的能力也不错。这两名中前卫都是奔跑积极、攻守兼备的球员。轮换首先是桑迪·洛夫里奇，他在进攻中的作用比较大，有不错的串联梳理、盘带和远射能力。但是洛夫里奇的覆盖以及拦截能力都一般，所以他现在被当作边前卫轮换，也有争夺主力边前卫的能力。另外两个轮换都是偏防守型的，老将贾斯明·库尔蒂奇经验丰富、拼抢凶狠，擅长贴身缠斗，但是他随着年龄的增长，机动性下滑明显。身材高大的乔恩·戈伦茨·斯坦科维奇则是正面拦截和高空争顶能力出色，必要时还可以打中后卫。

主力左边前卫是姆拉卡尔，他还兼具打前锋的能力。姆拉卡尔在进攻端有着出色的后点包抄能力，左右脚均能完成高质量的打门。但是在防守端，姆拉卡尔的协防意识很一般，对同侧的边后卫保护力度不够。主力右边前卫是斯托扬诺维奇，右边后卫出身的他在这一侧与卡尔尼奇尼克配合默契，两个人在进攻中经常会前后换位。斯托扬诺维奇速度快，前插意识好，而且在防守端对边后卫的保护意识强。轮换首先是本杰明·韦尔比奇，他是纯粹的边路进攻手，左右两边都能打，相对来讲在左路内切打门会更有效果。另一位轮换是偏前腰属性的米哈·扎伊茨，他在场上会更多地内收来组织和传威胁球，把边路留给边后卫插上。但由于他本赛季在俱乐部失去主力位置，因此很有可能被脱米·霍瓦特取代。

备选：多门·奇尔尼戈伊、尼诺·茹格利、阿廖沙·马特科

前锋：

双前锋组合，身高出色的舍什科能起到突出的战术支点作用，而且有一定的机动性，非常适配球队防守反击的战术。与他搭档的什波拉尔则跑位灵活，擅长插对手身后，与舍什科的配合相当默契。替补首先是扎恩·维波特尼克，他在前场具备不错的冲击力和积极性；其次是扎恩·采拉尔，他擅长在禁区内抢点，争顶和支点作用都比较一般，所以在预选赛的上场机会不多。与采拉尔竞争的是同样在预选赛机会不多的卢卡·扎霍维奇，他并非纯中锋，喜欢脚下拿球，是偏前腰的踢法。

近年战绩

2022—2023赛季欧国联：B级别小组赛第三

斯洛文尼亚队在第三届欧国联B级别比赛中与塞尔维亚队、挪威队和瑞典队分在同一个小组，当时斯洛文尼亚队主打的还是“352”阵形。在2022年6月的前四轮比赛中，斯洛文尼亚队战绩糟糕，前两轮均以失利告终，后两轮也只是收获平局，有降级的风险。最后两轮比赛，科克变阵“442”取得不错的成效，斯洛文尼亚队击败挪威队、战平瑞典队，最终以1胜3平2负获得小组第三。

Denmark
丹麦队

全称：丹麦国家男子足球队
绰号：童话王国
荣誉：1992年欧洲杯冠军
队史最佳阵容：4–3–3
门将：彼得·舒梅切尔
后卫：扬·海因策、莫滕·奥尔森、拉尔斯·奥尔森、托马斯·赫尔韦格
中场：克里斯蒂安·埃里克森、索伦·勒尔比、米歇尔·劳德鲁普
前锋：布赖恩·劳德鲁普、普雷本·埃尔克耶尔·拉尔森、阿兰·西蒙森

球队身价：3.68亿欧元
世界排名：21
出线概率：70.1%
夺冠概率：2.4%
现任教练：卡斯珀·尤尔曼德
现任队长：西蒙·凯尔
球队核心：克里斯蒂安·埃里克森
第一射手：拉斯穆斯·霍伊伦
聚焦新星：拉斯穆斯·霍伊伦

出线之路

丹麦队在欧洲杯预选赛抽签中被列为一档球队，最终与芬兰队、斯洛文尼亚队、哈萨克斯坦队、北爱尔兰队和圣马力诺队同组。

丹麦队在首轮击败芬兰队取得开门红，但第二轮被哈萨克斯坦队逆转击败。此后丹麦队迅速调整状态，从第三轮到第九轮，丹麦队取得了6胜1平的战绩，提前获得出线权。虽然丹麦队在最后一轮不敌北爱尔兰队，但其仍旧以7胜1平2负的成绩获得小组第一。

征战历史

首次参赛年份：1964年

晋级欧洲杯次数：10次（1964、1984、1988、1992、1996、2000、2004、2012、2021、2024年）

最好成绩：冠军（1992年）

预计首发

战术打法

丹麦队是在预选赛当中阵形变化非常多的一支球队，经常在三中卫阵形和四后卫阵形之间进行切换。从预选赛的表现来看，丹麦队采用三中卫“3421”或者“3412”阵形时的表现要比采用“433”阵形时的表现更好，因此三中卫阵形是丹麦队在欧洲杯上更可能使用的主要阵形。

在进攻端，丹麦队的两个边翼卫会大幅度前提，承担两个边路进攻的职责，现在尤尔曼德也更倾向于使用顺足的球员来踢边翼卫，以便更好地完成传中。如果要变阵“433”，就是用一个防守型后腰来换下一个中后卫，其余人员的位置不会有太大变化。对于丹麦队的进攻来说，“433”阵形和“3421”阵形在进攻时的人员站位是接近的。

在防守端，这两个阵形的侧重点会不一样，“3421”阵形完全退守回来后会变成五后卫的“541”体系，防守落位通常会比较深，禁区内人员充足，但弱点在于对禁区弧顶的保护力度不够，需要中后卫频繁上抢来协助两名中前卫。而“433”阵形在增加了一个防守型后腰之后，在中场的拼抢力度更强，会更适配高位逼抢的策略，即尽可能地在对手半场完成球权反抢，形成对对手更好的压制。

门将：

主力门将还是卡斯帕·舒梅切尔，虽然他近两年的实力下滑明显，在预选赛的整体发挥也不好，但是主帅尤尔曼德还是很看重舒梅切尔的经验。第二门将和在2022年世界杯上一样，依旧是弗雷德里克·伦诺；第三门将则是在预选赛一直能进入比赛名单的马茨·赫尔曼森。

后卫：

左中卫是安德烈亚斯·克里斯滕森，他的综合能力是队内中后卫里最突出的，在进攻中的出球和前插参与次数也是最多的。居中的是老将凯尔，他的正面拦截和争顶能力突出，在进攻端，凯尔的长传依旧是球队很重要的进攻发起方式。右中卫是安诺生，他在防守端突出的是争顶能力，其定位球在进攻中的作用也很大，同时也有不错的出球和推进能力。替补中卫里，目前扬尼克·韦斯特高是最有希望进入名单的，他身材高大、防空出色，本赛季在俱乐部也重新获得了稳定的位置。因此维克托·内尔松的顺位就被挤得靠后了，他在预选赛出现过因为选位失误导致丢球的情况，因此存在落选的风险。

边翼卫方面，梅勒打右边翼卫的概率更大，他在这一侧的传中和包抄次数更多。如果梅勒打左边翼卫，他可以内切射门。主力左边翼卫更有可能选择斯科乌，他的进攻属性非常强，在左路前插和传中都很顺畅。同时斯科乌右脚技术也不差，兼具内切得分的能力。但是斯科乌的防守比较一般，因此边后卫出身的克里斯蒂安森也有机会竞争主力。克里斯蒂安森奔跑积极，传中精准度也不错，但是逆足的能力一般，内切射门的威胁性小于梅勒和斯科乌。右边翼卫的轮换还存在竞争，拉斯穆斯·克里斯滕森在预选赛登场的机会更多且经验更丰富，但是他在攻防两端表现都不是很突出。与他竞争的亚历山大·巴在进攻端更为优秀，冲击力和传中能力都不错，但他在本赛季受到了比较严重的伤病困扰。

备选：雅各布·拉斯穆森、马蒂亚斯·约根森

中场：

中前卫组合，埃里克森主要负责进攻时的串联组织，还具备一定的前插得分和远射能力。但在防守端，埃里克森的硬度和覆盖面都一般，容易被对手针对。因此他的搭档赫伊别尔要承担更多的防守职责，赫伊别尔能力全面，变阵“433”时居中和两侧的中场都能打。轮换球员，首先是偏防守型的克里斯蒂安·诺尔高，变阵“433”时他会打居中拖后的位置，他正面拦截和高空争顶的能力都不错。剩下两个轮换都是攻守兼备的类型，变阵“433”时打中场两侧的位置，首先是老将托马斯·德莱尼，他近两年随着年龄增长实力下滑明显，尤其是在运动能力和机动性上，但他凭借经验在后插上进攻上还是有着不错的嗅觉。另一个是马蒂亚斯·延森，他的运动能力以及覆盖面相比德莱尼要好，但尤尔曼德相对来讲还是更看重经验。

备选：莫滕·尤尔曼德、马特·奥赖利、菲利普·比林

前腰：

主力左前腰是温德，虽然他更熟悉中锋的位置，但尤尔曼德更倾向让温德在中锋身后活动，发挥温德的串联组织能力。同时在边路传中时，温德也可以后插上展现抢点能力。主力右前腰是奥尔森，他的特点更偏边锋，也可以打右边翼卫。

轮换的选择，首先是米克尔·达姆斯高，他主要打左边，也可以胜任中场，内收到弧顶的传球组织非常有创造力。右侧的轮换是耶斯佩尔·林德斯特伦，但他可能会被安诺斯·德赖尔替代。此外的轮换还有穆罕默德·达拉米，他在边路有出色的身体素质和突破能力。

备选：古斯塔夫·伊萨克森、马丁·布雷思韦特、雅各布·布鲁恩·拉森

前锋：

主力中锋是霍伊伦，他在前场兼具机动性和支点作用，但还需提升把握机会的能力。轮换是优素福·波尔森，他的身体素质和运动能力出色，边锋也能胜任，需要加强进攻时，他也可以与霍伊伦一同登场打双前锋。此外还有卡斯珀·多尔贝尔，霍伊伦的出现让多尔贝尔在丹麦队的登场机会减少许多，后者存在落选的风险。

近年战绩

2022—2023赛季欧国联：A级别小组赛第二

丹麦队在第三届欧国联A级别比赛中与法国队、克罗地亚队和奥地利队三支球队同处一个小组。丹麦队在比赛中有着不错的表现，尤其是面对实力强大的法国队，丹麦队在主客场都取得了胜利，同时还完成了对奥地利队的“双杀”。但是面对克罗地亚队的两场比赛，丹麦队都遭遇了失利，最终以4胜2负的战绩位列小组第二无缘决赛圈。

2022年世界杯：小组出局

丹麦队在2022年世界杯与法国队、突尼斯队和澳大利亚队同处一个小组。丹麦队在小组赛首战与突尼斯队互交白卷，几名前锋浪费了众多的好机会。次战，丹麦队面对法国队，在比赛第86分钟惨遭绝杀。被逼到悬崖边的丹麦队在最后一战面对澳大利亚队，但仍然以0：1告负，最终丹麦队1平2负小组垫底出局。

Serbia
塞尔维亚队

全称：塞尔维亚国家男子足球队
绰号：巴尔干雄鹰
荣誉：2022—2023赛季欧国联：B级别小组赛第一
队史最佳阵容：4-2-3-1
门将：米卢丁·索斯基奇
后卫：亚历山大·科拉罗夫、西尼萨·米哈伊洛维奇、内马尼亚·维迪奇、布兰科·斯坦科维奇
后腰：德扬·斯坦科维奇、内马尼亚·马蒂奇
前卫：米兰·加利奇、德拉甘·斯托伊科维奇、德拉甘·扎伊奇
前锋：拉伊科·米蒂奇

球队身价：2.27亿欧元
世界排名：32
出线概率：58.9%
夺冠概率：1.4%
现任教练：德拉甘·斯托伊科维奇
现任队长：杜桑·塔迪奇
球队核心：杜桑·塔迪奇
第一射手：亚历山大·米特洛维奇
聚焦新星：拉扎尔·萨马尔季奇

出线之路

塞尔维亚队在欧洲杯预选赛抽签中被列为二档球队，最终与匈牙利队、黑山队、保加利亚队和立陶宛队同组。

塞尔维亚队在预选赛的开局不错，前两场比赛都收获了胜利。但是此后四场比赛塞尔维亚队被匈牙利队“双杀”，仅取得一场胜利。好在最后两场比赛塞尔维亚队调整了状态，在击败黑山队和战平保加利亚队后，塞尔维亚队以4胜2平2负的战绩获得小组第二。

征战历史

首次参赛年份：2024年

晋级欧洲杯次数：1次（2024年）

预计首发

战术打法

在主帅斯托伊科维奇的率领下，塞尔维亚队近些年采取的一直是主打进攻、相对激进的三中卫阵形。如果相对谨慎一些，更强调中场控制力，会使用“3421”阵形，这也是塞尔维亚队在欧洲杯预选赛期间打得更多的阵形。但如果要更强调进攻，也可以使用双前锋一同登场的“3412”阵形。

在进攻端，塞尔维亚队整体压上的幅度会非常大，尤其是边路的两名边翼卫球员。而在中路的两名前腰，塔迪奇主要传威胁球，而谢尔盖·米林科维奇-萨维奇则具备出色的前插能力，这样边中结合的立体进攻体系就很好地搭建完成了。这些年在斯托伊科维奇的治下，犀利且多样化的进攻一直是塞尔维亚队值得称道的地方。

但是在防守端，塞尔维亚队的问题非常严重。由于斯托伊科维奇要求三中卫也要有比较高的进攻参与度，因此在进攻中三中卫的站位非常靠前，甚至经常压上来到对方半场。但由于塞尔维亚队的中卫相对都是身材高大且转身回追较慢的球员，因此经常会被对手完成反击。虽然这个问题暴露了很久，但相对固执的斯托伊科维奇并没有改变自己激进的进攻战术。因此到了欧洲杯，塞尔维亚队还是要面临很大的被对手打反击的风险。

门将：

主力门将是瓦尼亚·米林科维奇-萨维奇，身高超过2米的他从2022年世界杯起就坐稳了主力位置。2022年世界杯预选赛期间的主力普雷德拉格·拉伊科维奇现在只能担任第二门将。第三门将最有可能的选择是乔尔杰·彼得罗维奇，由于他在俱乐部是主力门将，所以在国家队的位置也很稳定。

备选：菲利普·斯坦科维奇、鲍里斯·拉杜诺维奇、德拉甘·罗西奇

后卫：

主力左中卫存在竞争，斯特拉希尼亚·帕夫洛维奇在预选赛打首发较多，但他的整体表现相当糟糕，除了转身回追慢，帕夫洛维奇在后场面对逼抢时还很容易失误。因此巴比奇也有可能取代帕夫洛维奇，巴比奇在防空和定位球得分上与帕夫洛维奇不分伯仲，但失误则相对要少一些。

维利科维奇是居中的主力，他是三中卫里机动能力相对较强的，主要给两侧的队友补位。主力右中卫是米伦科维奇，他的防空和正面拦截能力很突出，但对身后的保护意识不强，转身和回追速度也比较慢。轮换方面，古德利可以从后腰位置撤回来踢居中或靠右的中卫，如果他打中卫，出球是他的强项，但防空会是短板。此外斯特拉希尼亚·埃拉科维奇是正牌的轮换，他的机动性比较突出，他主要打右中卫，在需要加强防守时也可以踢右边翼卫。

主力左边翼卫是科斯蒂奇，他的进攻属性非常突出，边路传中以及远射都具备不错的水准，但他在防守端的意识较差，在预选赛也出现过解围失误导致丢球的情况。因此菲利普·姆拉德诺维奇也有机会竞争主力，边后卫出身的他攻守更为均衡，在边路的防守补防和进攻前插也都非常积极。

主力右边翼卫是日夫科维奇，他是名左脚球员，进攻方式主要以内切为主，如果他来到比较靠里的位置，身前的塔迪奇就会拉边，两人在进攻端的配合也不错。替补的是左右边翼卫都能胜任的内马尼亚·拉多尼奇，他是名右脚球员，在右路会以传中为主。

备选：埃尔汗·马索维奇、内马尼亚·斯托伊奇、阿列克萨·泰尔齐奇

中场：

双后腰组合，古德利主要负责防守拦截，进攻时站的位置也会拖后一些。与他搭档的卢基奇是一名攻守兼备的中场，后者在进攻时的肋部前插相当有威胁性，他也有打前腰的能力。古德利的替补是偏防守型的内马尼亚·马克西莫维奇，如果古德利回撤打中后卫，那马克西莫维奇也有机会进入首发。卢基奇的替补是伊万·伊利奇，两人相比，伊利奇的进攻要弱一些，一起登场时也是卢基奇打前腰，伊利奇打后腰，不过在防守端的抢断效率上，伊利奇要比卢基奇更出色。

双前腰组合，谢尔盖在左，他的能力全面，带球推进和传威胁球都有一定水准，但最为突出的能力还是后插上进攻，身材高大的他包抄能力很强，同时谢尔盖的防守能力也不差，可以在需要加强进攻时回撤踢后腰。右前腰是队长塔迪奇，他具备非常出色的创造力，经常能靠着手术刀般的威胁传球为队友创造机会。轮换首先是久里契奇，他的属性比较全能，也具备一定的拉边突破能力，所以也可以胜任边翼卫。其次是拉扎尔·萨马尔季奇，他是一个纯粹的中路球员，脚下技术细腻，盘带和组织的能力都不错。此外的选择还有在预选赛打过首发的米亚特·加契诺维奇，他的类型和久里契奇相似，他更喜欢持球拉到左边路或者左肋部。

备选：马尔科·格鲁伊奇、乌罗什·拉契奇

前锋：

主力中锋是亚历山大·米特洛维奇，他的支点作用和较高的得分效率在预选赛都有体现，而且他现在在进攻端整体的活动范围也比之前更大。替补的是杜尚·弗拉霍维奇，他的支点作用不如米特洛维奇，目前主要是作为加强进攻时的备选，很多时候是替补上来打双前锋，但相对来说，他的持球也少于米特洛维奇，他更偏向门前抢点完成最后一击。此外，卢卡·约维奇也存在进入名单的可能性。

备选：佩塔尔·拉特科夫、萨梅德·巴兹达尔、德扬·约韦利奇

近年战绩

2022—2023赛季欧国联：B级别小组赛第一

塞尔维亚队在第三届欧国联B级别比赛中与挪威队、瑞典队和斯洛文尼亚队三支球队同处一个小组。虽然塞尔维亚队在首战中主场0：1不敌挪威队，但在此后的比赛中塞尔维亚队展现了很强的统治力，后5轮比赛取得了4胜1平的不败战绩。最终在6轮比赛过后，塞尔维亚队以4胜1平1负的战绩排名小组第一，升级进入了2024—2025赛季欧国联的A级别小组赛。

2022年世界杯：小组赛出局

塞尔维亚队在2022年世界杯与巴西队、瑞士队和喀麦隆队同处一个小组。首战面对实力强大的巴西队，塞尔维亚队最终以0：2告负；第二战面对同小组实力最差的喀麦隆队，塞尔维亚队一度取得3：1的领先，但是此后被对手连续反击，最终比分定格为3：3。最后一战，塞尔维亚队又以2：3不敌瑞士队，最终以1平2负的战绩小组垫底出局。

England
英格兰队

全称：英格兰男子足球代表队
绰号：三狮军团
荣誉：1966年世界杯冠军
　　　2020欧洲杯亚军
队史最佳阵容：4-3-1-2
门将：戈登·班克斯
后卫：阿什利·科尔、博比·穆尔、约翰·特里、加里·内维尔
中场：斯坦利·马休斯、博比·查尔顿、保罗·加斯科因、大卫·贝克汉姆
前锋：阿兰·希勒、韦恩·鲁尼

球队身价：15.70亿欧元
世界排名：3
出线概率：92.6%
夺冠概率：16.7%
现任教练：加雷斯·索斯盖特
现任队长：哈里·凯恩
球队核心：祖德·贝林厄姆
第一射手：哈里·凯恩
聚焦新星：祖德·贝林厄姆

出线之路

由于英格兰队在2022—2023赛季欧国联的战绩不佳，其在欧洲杯预选赛抽签中被列为二档球队，最终与意大利队、乌克兰队、北马其顿队和马耳他队同组。

英格兰队首战就击败了最强劲的对手意大利队，4连胜的开局直接奠定其出线主动权。虽然英格兰队在第五场被乌克兰队逼平，但在先后“双杀”意大利队和马耳他队后，英格兰队还是提前出线。最终八场战罢，英格兰队以6胜2平的战绩获得小组第一。

征战历史

首次参赛年份：1968年
晋级欧洲杯次数：11次（1968、1980、1988、1992、1996、2000、2004、2012、2016、2021、2024年）
最好成绩：亚军（2021年）

预计首发

战术打法

在预选赛的前半段，索斯盖特还是坚持了在2022年世界杯使用的“433”阵形。但是随着2023年贝林厄姆的迅速成长，从预选赛后期开始，索斯盖特将英格兰队主打的阵形调整为“4231”，这样把贝林厄姆顶到更靠近对方球门的前腰位置上，可以更好地发挥他的作用。

在进攻端，贝林厄姆是持球核心，在中场有出色的带球推进能力，同时他在禁区弧顶时，可以与中锋凯恩形成非常好的配合。由于凯恩也有出色的组织能力，因此如果凯恩回撤，贝林厄姆也可以前插禁区，发挥他本赛季非常突出的后插上得分能力。同时，索斯盖特对进攻的另一大调整就是让阿诺德来到后腰位置，发挥他的长传能力，从较深的位置就可以迅速发起进攻，再辅以两个内切突破能力出色的边锋，整个英格兰队的体系可以说非常立体和完善。

在防守端，后腰赖斯在中场的拦截能力可以很好地减轻两名中后卫的压力，马奎尔可以更好地发挥他在防空等方面的优势。但如果英格兰队在进攻时整体阵形压得过于靠上，对手采用长传越过中场打英格兰队防线身后的方式，那么马奎尔的转身和回追还是会成为在防守对方反击过程中的弱点。

门将：

英格兰队的主力门将依旧是皮克福德，从2018年世界杯起，他一直坐稳主力位置，并且积累了丰富的大赛经验。皮克福德的门线反应和扑救能力在英格兰队目前所有门将当中是最为突出的，出球能力相比队内其他门将也不落下风。而且皮克福德拥有非常好的领袖气质，善于在场上指挥防线和调动队友。第二门将在萨姆·约翰斯通赛季报销后存在竞争，虽然阿龙·拉姆斯代尔在俱乐部失去了主力位置，但索斯盖特对他还是比较信任的，一直坚持把他放在预选赛和友谊赛的名单当中。与拉姆斯代尔竞争的是尼克·波普，虽然波普并不被索斯盖特信任且在本赛季遭遇了伤病困扰，但俱乐部的主力身份应该至少能让他获得一个第三门将的位置。备选则是小将詹姆斯·特拉福德，约翰斯通的受伤让他在2024年第一次入选英格兰队，如果前述三人有谁受伤，他应该会获得进入名单的机会。

后卫：

中卫的首发组合，主力左中卫还是马奎尔，索斯盖特对他非常信任，马奎尔对抗能力出色，在正面拦截和防空上依旧具备一流水准，在定位球进攻中的得分能力也很强。但是马奎尔转身慢、回追慢，以及上抢失败后容易暴露身后空当的弱点也非常明显，容易被对手利用。主力右中卫还是斯通斯，他与马奎尔从2018年世界杯至今一直是英格兰队的主力组合，配合相当默契。相比马奎尔，斯通斯的机动性要更好，会更多地承担补位的职责。与此同时，这两名中卫的出球能力也都不错，还能胜任后腰的斯通斯也兼具一定的带球推进能力，因此英格兰队的后场出球和进攻发起整体还是比较流畅的。替补中卫首先是马克·格伊，他的身体素质非常出色，虽然身高中等但弹跳很好，而且转身速度和机动性也明显比马奎尔出色，也可以客串打左后卫。但是在经验和出球能力上，格伊相比马奎尔还是有差距。另一名替补中卫大概率会选择刘易斯·邓克，他的类型与马奎尔有些类似，正面拦截和防空能力比较突出，但是机动性不如格伊。上述四人的位置是比较稳固的，此外与格伊特点类似的菲卡约·托莫里是最有可能挤进名单里的人选，但他在预选赛和友谊赛的发挥都比较一般，顺位明显要落后于格伊。此外的备选，左中卫利维·科尔威尔在英格兰队主要被当作左后卫使用，但无论是左中卫还是左后卫，他都是顺位比较靠后的选择。此外还有蒂龙·明斯，但他遭遇了重伤，很难赶在欧洲杯前恢复状态。右中卫备选是埃兹里·孔萨，他中后卫和右边后卫均能胜任；2022年世界杯还能入选名单的右中卫埃里克·戴尔，因为在俱乐部失去了主力位置，目前在英格兰队也已经基本被弃用了。

主力左后卫大概率还是卢克·肖，他在这一侧相对攻守比较均衡，但由于他在本赛季伤病较多，能否进入名单还要看其恢复程度。替补选择的本·奇尔韦尔相对来说还是更偏进攻一些，但是他在防守端的硬度和对抗弱于卢克·肖，本赛季同样遭到了伤病的困扰。此外的左后卫选择，除了中卫科尔威尔和右后卫基兰·特里皮尔可以代打之外，在预选赛还使用过里科·刘易斯，他作为右脚球员左右后卫都能打，而且还很适应后腰的位置。如果刘易斯打左后卫，在进攻中他经常会内收到中路后腰的位置参与进攻。

主力右后卫还是凯尔·沃克，他的防守能力依旧是队内所有右后卫当中最出色的，攻守平衡且大赛经验丰富。替补的是特里皮尔，他在防守端的硬度不如沃克，但在进攻端的边路传中和直接任意球要更突出，必要时也可以代打左后卫。阿诺德现在主要踢后腰，但是如果左后卫使用格伊或者科尔威尔这种偏中卫属性的球员，阿诺德也可以打回右后卫，然后在进攻中来到后腰位置组织。如果采取这种战术，英格兰队在进攻时的阵形会类似“3241”。此外右后卫的选择还有里斯·詹姆斯，但他在本赛季受伤病影响太大，入选最终名单的希望比较渺茫。

中场：

双后腰的组合，偏防守型的首发人选是赖斯，他的站位通常会在中场比较靠后的位置。赖斯在中场的拦截硬度非常突出，奔跑覆盖能力也不错，防守到位率非常高。赖斯的能力也很全面，在中场他还有一定的拿球推进和中路传威胁球的能力。当然，在中场发起进攻的任务，主要是由另一名首发后腰阿诺德来完成。从欧洲杯预选赛起，索斯盖特开始将阿诺德作为后腰使用，沿袭了2023年后者在俱乐部的踢法。阿诺德出色的传球能力在后腰位置可以更好地发挥，他的传球方式非常多样化，无论是大范围的长传转移，还是快速的低平球直塞，都能够很好地将球传到距离对方球门更近的位置。当然阿诺德的弱点还是在于踢后腰的位置感一般，尤其在他防守硬度也一般的情况下，阿诺德容易出现防守失位和防区被突破的情况。因此在面对强敌时，索斯盖特也可能还是会使用卡尔文·菲利普斯来取代阿诺德打首发。菲利普斯具备不错的拦截硬度和奔跑覆盖能力，但在传球能力以及对进攻的帮助上与阿诺德相去甚远，而且菲利普斯在俱乐部也没有稳定的登场时间，因此应该主要还是当作加强防守时的备选。另外一个主要的后腰轮换是老将乔丹·亨德森，他主要是作为赖斯的替补，出现在比较深的位置做串联梳理，伴随着年龄增长，亨德森的机动性下滑明显，因此在防守上相比赖斯还是有较大的差距。另一个后腰的轮换存在竞争，小将科比·梅努的入选希望最大，他的盘带推进能力是英格兰队其他后腰所不具备的，可以与阿诺德轮换带来不同的战术效果。与梅努竞争的是参加了2022年世界杯的康纳·加拉格尔，后者的特点在于奔跑积极，后插上有一定的威胁性，在防守端的覆盖补位也比较好，但是拿球传球的能力一般。2020欧洲杯和2022年世界杯均作为主力轮换的卡尔文·菲利普斯，他因为在本赛季糟糕的状态已经很难入选大名单了。

主力前腰是贝林厄姆，在预选赛前期打“433”阵形时他主要打左中场，现在打“4231”阵形的前腰，贝林厄姆可以更靠近禁区，发挥他的得分能力。贝林厄姆在中场有出色的持球推进能力，可以帮助队伍发起进攻。而一旦对对手形成压制，贝林厄姆的后插上能力就可以展现，配合凯恩的回撤组织，两人的换位跑动和踢墙配合经常可以扰乱对方的防线从而创造机会。替补前腰是詹姆斯·麦迪逊，在预选赛前期的“433”阵形中，麦迪逊主要打的是左边锋，但是他踢边路时还是缺乏突破速度，而且内收之后与贝林厄姆过于重叠，因此在索斯盖特改打“4231”之后，麦迪逊就主要作为贝林厄姆的轮换了。麦迪逊的优势主要在于为队友送传威胁球，前插得分的威胁性以及带球对抗的硬度相较贝林厄姆还是弱一些，因此只能是当作轮换备选。此外，由于前场多面手菲尔·福登也可以胜任前腰，因此在预选赛征召过的其他前腰相对来讲入选希望就没有那么大了，埃贝雷奇·埃泽身体素质出色，但在本赛季受到伤病困扰比较多，在埃泽受伤后索斯盖特还征召过科尔·帕尔默，两侧的边锋他也都能胜任，但是在经验和能力上相比贝林厄姆和麦迪逊都逊色很多。

前锋：

主力左边锋存在很大变数，目前最有可能的选择是本赛季状态出色的福登，他的小技术出色，与队友的配合也很好。福登的主要作用在于内收串联组织，包括为队友传威胁球，而且前腰和右边锋也都能胜任。相对来说，福登的速度和冲击力一般。因此马库斯·拉什福德也还有竞争主力的可能，虽然他本赛季在俱乐部状态一般，但是在预选赛的整体表现还是相当出色。在索斯盖特变阵“4231”之后，对于两侧边锋的要求就是出色的单兵一对一能力以及内切破门的属性，而这正是拉什福德的特点。此外的轮换的选择还有与拉什福德类型不同的杰克·格拉利什，格拉利什在边路没有那么强的突破能力，但他的拿球护球能力不错，善于制造对手的犯规。所以格拉利什一般是在英格兰队建立优势的情况下，索斯盖特为了加强控制力派上的备选。此外的竞争者还有本赛季同样发挥出色的安东尼·戈登，他兼具冲击力和不错的脚下技术，但他在2024年才首次入选英格兰队，经验尚浅，存在较大的落选可能。

主力右边锋是萨卡，近几年他的成长速度非常快，现在的他已经完全锁定了在英格兰队的主力位置。萨卡的爆发力出众，进攻手段以内切为主，将边路走廊更多留给边后卫插上。萨卡具备不错的内切左脚射门能力，同时在右肋部也能够与凯恩和贝林厄姆等中路队友打出不错的传跑配合，与队友的配合默契上要好于左路的拉什福德。替补的选择是福登，这其实是他在预选赛期间打得最多的位置，但考虑到他现在更有可能打左路，因此如果索斯盖特还想在替补席上再有一个右路的冲击型边锋备选的话，贾罗德·鲍恩也有机会进入名单，他在边路的冲击力和得分能力都不错，也可以轮换中锋的位置。

主力中锋毫无疑问是队长凯恩，作为当今足坛最好的中锋之一，凯恩的能力几乎没有短板，他不仅门前射门效率稳定，而且争顶优秀且对抗出色，因此支点作用突出。此外，凯恩还具备非常出色的传球能力，善于回撤拿球为队友创造机会。替补中锋大概率会选择本赛季发挥出色的奥利·沃特金斯，他具备出色的战术作用和为队友创造机会的能力。其余的选择，卡勒姆·威尔逊在本赛季受伤并影响太大，受到禁赛影响的伊万·托尼在解禁之后也没有恢复到上赛季的状态，再包括在俱乐部没有稳定主力位置的埃迪·恩凯蒂亚，他们想进入最终名单就比较困难了。

近年战绩

2022—2023赛季欧国联：A级别小组赛第四

英格兰队在第三届欧国联A级别比赛中与意大利队、德国队和匈牙利队同处一个小组。英格兰队在首轮就客场爆冷以0：1不敌匈牙利队，此后两轮面对意大利队和德国队，英格兰队都收获平局。第四轮回到主场，英格兰队则是令人大跌眼镜地以0：4惨败匈牙利队，最后两轮，英格兰队依旧没能收获胜利，最终以3平3负的战绩在小组垫底惨遭降级。

2022年世界杯：八强

英格兰队在2022年世界杯与伊朗队、美国队和威尔士队分在一个小组，小组赛首战英格兰队6：2大胜伊朗队取得开门红，虽然在第二战与美国队互交白卷，但是凭借第三战3：0击败威尔士队，英格兰队还是以小组第一出线。1/8决赛，英格兰队3：0轻取塞内加尔队，但是在1/4决赛，英格兰队以1：2不敌法国队止步八强。

D 组

法国队高歌猛进，“郁金香”遭遇难题

波兰　　荷兰　　奥地利　　法国

全景瞭望

详细赛程

第1轮

开球时间	交战双方	比赛场地	观赛指数	进球展望
6月16日 21:00	波兰队 VS 荷兰队	北方银行竞技球场	★★★★★	≥2
6月18日 03:00	奥地利队 VS 法国队	思捷环球竞技场	★★★★★	≥3

第2轮

开球时间	交战双方	比赛场地	观赛指数	进球展望
6月22日 00:00	波兰队 VS 奥地利队	奥林匹克体育场	★	≤1
6月22日 03:00	荷兰队 VS 法国队	红牛竞技场	★★★★★	≥3

第3轮

开球时间	交战双方	比赛场地	观赛指数	进球展望
6月26日 00:00	法国队 VS 波兰队	伊杜纳信号公园 球场	★★★★	≥3
6月26日 00:00	荷兰队 VS 奥地利队	奥林匹克体育场	★★★★	≤3

红牌概率	点球概率	冷门指数	比分预测	球迷预测
10%	60%	★	1：2；1：3	□:□; □:□
25%	89%	★	1：3；0：4	□:□; □:□

红牌概率	点球概率	冷门指数	比分预测	球迷预测
10%	25%	★★	0：0；0：1	□:□; □:□
10%	40%	★	2：3；1：3	□:□; □:□

红牌概率	点球概率	冷门指数	比分预测	球迷预测
15%	72%	★	3：0；3：1	□:□; □:□
64%	75%	★★★	1：1；2：1	□:□; □:□

焦点短评

荷兰队VS法国队

对于荷兰队来讲，法国队是再熟悉不过的对手了。荷兰队在预选赛两次与法国队交手都遭遇失利，小组赛再度与法国队碰面，给了荷兰队一个复仇的机会。2023年3月，罗纳德·科曼在重掌荷兰队教鞭之后，第一场比赛就以0：4的比分惨败给法国队。那场比赛当中，荷兰队面对法国队的犀利反击完全没有招架之力。

等到2023年10月，荷兰队和法国队再度碰面。荷兰队此役缺少了弗伦基·德容、孟菲斯·德佩以及科迪·加克波等众多主力。虽然法国队还是先入两球，但是荷兰队的表现明显好过两队第一次交手时。虽然奎林奇·哈特曼的进球没能阻止荷兰队1：2告负，但还是让荷兰队看到了从法国队身上取分的可能性。两队在小组赛的直接对话，要看届时阵容齐整的荷兰队能否写下与预选赛不一样的结局。

奥地利队VS法国队

又是一组熟悉的对决，奥地利队和法国队曾在2022—2023赛季欧国联小组赛中同处一组。当时拉尔夫·朗尼克刚成为奥地利队主帅不久，在两场交锋中，奥地利队给法国队制造了极大的麻烦，前者在主场险些要拿到3分，但姆巴佩的绝平球还是让法国队避免了失利。虽然现如今的奥地利队缺少了受伤的达维德·阿拉巴，但是对于首发球员几乎全在德甲效力的这支球队来讲，法国队绝对不是一个不可战胜的对手。

本组之星

基利安·姆巴佩

出生日期：1998年12月20日

2020欧洲杯，第一次踏上欧洲杯赛场的姆巴佩被寄予厚望，但也许是2018年世界杯的夺冠让他把国际大赛想得过于轻松，也许是水涨船高的队内地位给予了他更大的压力。姆巴佩一度发挥糟糕、一球未进，法国队也早早止步于1/8决赛。时过境迁，经历了2022年世界杯的洗礼，姆巴佩已经成为法国队新任队长，他已经知道了如何将队长的重担扛在自己肩上。卷土重来的姆巴佩，要将2020欧洲杯的遗憾在2024年补上。

作者视角

在本小组当中，法国队和荷兰队的实力是明显要胜过另外两支球队的，对于本届欧洲杯的夺冠热门法国队来说，小组赛从来不是这支球队要重点考虑的问题。同组的三支球队，法国队在近两年间都有过交手经历，尤其是面对荷兰队，法国队在预选赛当中呈现出的是碾压级别的优势。再加上法国队是目前各支参赛球队当中阵容最为固定、球员状态最为稳定、战术打法最为成熟的球队，顺利拿到小组第一应该是其在小组赛唯一的目标。

荷兰队的情况相对来讲变数比较大，从科曼接手荷兰队开始，球队就一直饱受伤病困扰，科曼始终无法磨合演练理论上的最强阵容配置。从纸面实力上看，荷兰队只要正常发挥，小组出线应该不成问题。但这支缺乏磨合的荷兰队最后能走多远，就要画上一个大大的问号了。

奥地利队在抽签结果公布时本来被看作可以挑战法国队和荷兰队的黑马球队，但此后奥地利队遭遇了严重的伤病困扰。队长阿拉巴作为球队防守端的中流砥柱，他的缺阵对于球队来说是毁灭性的打击。马尔科·阿瑙托维奇伤病不断，哪怕可以参加欧洲杯，状态也很难预料。在如此情形下，奥地利队想要像在2020欧洲杯一样完成小组出线并不容易。

波兰队的情况毫无疑问是本小组球队当中最为糟糕的。2023年，在费尔南多·桑托斯的带领下，波兰队在预选赛踢得一塌糊涂，甚至输给了摩尔多瓦队。在米哈乌·普罗别日接手之后，虽然波兰队跌跌撞撞地依靠附加赛晋级欧洲杯正赛，但是以近一年多球队所展现出来的实力和状态来看，可以说波兰队在本小组当中难逃出局的命运。

维吉尔·范戴克

出生日期：1991年7月8日

对于在2024年欧洲杯期间就将年满33岁的范戴克来讲，他会无比珍惜这个机会，要知道，这可是范戴克第一次参加欧洲杯正赛。2012年欧洲杯，年轻的范戴克还从未入选过荷兰队；2016年欧洲杯，荷兰队并未晋级正赛；2020欧洲杯，范戴克因伤错过。或许只有范戴克自己才知道他对于欧洲杯的舞台究竟有多渴望，荷兰队上一次打进欧洲杯八强已经是遥远的2008年，作为队长的范戴克要和队友去重塑荷兰队曾经的辉煌。

Poland

波兰队

全称：波兰国家男子足球队
绰号：东欧白鹰
荣誉：1974年、1982年世界杯季军
队史最佳阵容：4–3–3
门将：扬·托马斯泽夫斯基
后卫：齐格蒙特·安乔克、杰尔日·戈登、弗拉迪斯拉夫·日穆达、安东尼·希曼诺夫斯基
中场：亨里克·卡斯珀查克、卡齐梅尔日·德伊纳、日比格涅夫·博涅克
前锋：格热戈日·拉托、罗伯特·莱万多夫斯基、弗洛德兹米尔斯·卢班斯基

球队身价：1.99亿欧元
世界排名：30
出线概率：41.1%
夺冠概率：1.0%
现任教练：米哈乌·普罗别日
现任队长：罗伯特·莱万多夫斯基
球队核心：罗伯特·莱万多夫斯基
第一射手：罗伯特·莱万多夫斯基
聚焦新星：尼科拉·扎莱夫斯基

出线之路

波兰队在欧洲杯预选赛抽签中被列为一档球队，最终与捷克队、阿尔巴尼亚队、摩尔多瓦队、法罗群岛队同组。

波兰队在预选赛小组赛当中表现糟糕，这也导致了前任主帅费尔南多·桑托斯离任，最终波兰队3胜2平3负，获得小组第三无缘出线。但波兰队凭借着在2022—2023赛季欧国联的战绩，进入了资格赛，接连击败爱沙尼亚队和威尔士队获得出线权。

征战历史

首次参赛年份：2008年
晋级欧洲杯次数：5次（2008、2012、2016、2021、2024年）
最好成绩：八强（2016年）

预计首发

战术打法

波兰队在2023年9月进行了换帅，普罗别日改变了前任教练桑托斯的四后卫打法。现在这支波兰队踢得更多的是三中卫体系，阵形会在“352”和“3421”之间切换，相对来说双中锋的“352”阵形打得更多。但是在一些面对强敌的比赛中，普罗别日还是更倾向于使用以莱万多夫斯基为核心的“3421”阵形。

在波兰队的三名中后卫当中，左中卫基维奥尔的作用最为重要，在进攻当中他的压上幅度是三名中后卫当中最大的。基维奥尔在进攻中通常沿左边路压上，在边路也能够完成质量不错的传中，这和一般情况下打三中卫体系时要求中后卫由肋部插上参与进攻的套路是不一样的。在波兰队的进攻当中，左肋部的位置一般是由左边翼卫扎莱夫斯基来利用，作为逆足边翼卫，他可以在肋部内切盘带制造威胁，把边路走廊留给基维奥尔插上，这样的安排与换位经常会让对手的防守顾此失彼。

当然在桑托斯带队时期，波兰队一直主打的是“442”阵形，因此波兰队也具备在一些比赛中变阵的可能性。在普罗别日上任后，波兰队也在多次需要加强进攻时撤下一名中后卫，然后派上边锋卡米尔·格罗西茨基打左边前卫，再将一名中前卫向右平移打右边前卫，这样阵形就从“352”变为了“442”。

名单解析

门将：

主力门将的人选非常固定，沃伊切赫·什琴斯尼的门线反应出众且大赛经验丰富，但他在后场出球上的作用比较一般。第二门将还是乌卡什·斯科鲁普斯基，他在2024年的友谊赛中获得了登场机会。第三门将在普罗别日上任后出现了更迭，马尔钦·布尔卡凭借本赛季不错的表现已经基本坐稳了这个位置。

备选：巴尔特沃梅伊·德龙戈夫斯基

中后卫：

三中卫组合，主力左中卫是基维奥尔，他是三名中卫里参与进攻最多的，经常会从左边路后插上完成传中。防守端，基维奥尔有着不错的回追速度和补防能力，但是在对抗和防空方面都比较一般。居中的位置悬念较大，最可能的选择是达维多维奇，他具备不错的防空能力，主要是拖在防线最后进行保护，但他的出球能力相对一般，其参与进攻也不多。主力右中卫是贝德纳雷克，他有不错的上抢硬度和机动性，但在进攻端的参与度明显小于基维奥尔，主要是保护右边翼卫压上后的身后空当。

替补还存在比较多的变数，左中卫整个预选赛期间只使用过基维奥尔，如果要轮换可能会使用贝德纳雷克代打。竞争相对激烈的是居中中卫的轮换，巴尔托什·萨拉蒙是最有可能的选择，他有着不错的防空和出球能力，右中卫也能胜任。与他竞争的是同样身材高大的帕维尔·博赫涅维奇，但后者的移动速度和国家队经验都稍显不足。考虑到此前右中卫的主要轮换托马什·肯齐奥拉失去了新任主帅的信任，因此萨拉蒙和博赫涅维奇都存在进入名单的可能性。

备选：塞巴斯蒂安·瓦卢凯维奇、帕特里克·佩达、马特乌什·维泰斯卡

边翼卫：

主力左边翼卫是扎莱夫斯基，他在进攻端内收的幅度很大，会把左边路留给基维奥尔插上传中，自己则在肋部内切制造威胁。同时他也具备打右边翼卫的能力，在这一侧他可以发挥倒三角传中的能力。主力右边翼卫是弗兰科夫斯基，他的左右脚能力均衡，左右两侧的边翼卫都能胜任。在进攻时，弗兰科夫斯基压上的幅度非常大，几乎完全是右边锋踢法，无论是内切打门还是下底传中都具备不错的水准。但相应地，他身后的空当也可能会被对手在反击中利用。

两名替补人选是更纯粹的边后卫球员，左侧的是蒂莫特乌什·普哈奇，右侧的则是马蒂·卡什，这两人的进攻手段相对两名主力来讲要单一一些，都以边路传中为主，但他们在防守端的保护会做得更好。

备选：巴托斯·贝雷辛内斯基、雅各

布·卡明斯基、帕维乌·弗绍维克、米哈乌·斯库拉希

中场：

在三中场组合中，居中拖后的人选是斯利什，他主要承担中场的拦截工作，在进攻时一般会向左移动，保护基维奥尔前插后留下的空当。两侧的主力，首先是泽林斯基，他是波兰队中场最主要的持球人，具备出色的创造力，擅长通过直塞球为队友创造机会。另一侧的主力是皮奥特罗夫斯基，他和泽林斯基在场上左右换位的次数很多，并没有谁固定在哪一侧。皮奥特罗夫斯基通常采用无球踢法，他奔跑积极、善于寻找空当前插，同时具备出色的射门能力，无论是门前包抄还是远射都有很高的转化率。

居中拖后的轮换存在竞争，在预选赛前期使用较多的达米安·希曼斯基其实更偏向全能中场，所以现在普罗别日似乎更青睐2024年首次入选波兰队的防守型后腰塔拉斯·罗曼丘克，让他作为斯利什的替补。两侧的轮换首先是塞巴斯蒂安·希曼斯基，他与泽林斯基类似，有着不错的脚下技术和组织能力。此外已经从重伤当中恢复的雅各布·莫德也有机会作为皮奥特罗夫斯基的轮换。

备选：帕特里克·齐切克、菲利普·马尔赫温斯基、卡罗尔·斯特鲁斯基

前锋：

中锋组合，莱万多夫斯基在预选赛的效率一般，现在他更多的作用是吸引防守，为队友创造机会。最有可能与他搭档的是希维尔德斯基，后者在前场奔跑积极、对抗出色，能够减轻莱万多夫斯基的许多负担。替补首先是高中锋亚当·布克萨，他具备出色的支点作用和争顶能力。老将卡米尔·格罗西茨基则是球队的变招，他作为纯正的边锋，登场后球队的阵形一般会由“352”变为“442”或者“343”。此外的备选，本赛季重新找回进球感觉的抢点型前锋克日什托夫·皮翁泰克，更有可能挤掉被新帅普罗别日弃用的阿尔卡迪乌什·米利克进入名单。

近年战绩

2022年世界杯：十六强

波兰队在2022年世界杯与阿根廷队、沙特阿拉伯队和墨西哥队同处一个小组。波兰队首战战平墨西哥队，第二战击败沙特阿拉伯队，虽然收官战不敌阿根廷队，但还是以小组第二晋级淘汰赛。1/8决赛，波兰队面对实力强大的法国队还是没能更进一步。

Netherlands
荷兰队

全称：荷兰国家男子足球队
绰号：橙衣军团
荣誉：1988年欧洲杯冠军
2010年世界杯亚军
2018—2019赛季欧国联亚军
队史最佳阵容：4-3-3
门将：埃德温·范德萨
后卫：罗纳德·科曼、雅普·斯塔姆、弗兰克·德波尔、维姆·苏比尔
中场：约翰·克鲁伊夫、弗兰克·里杰卡尔德、路德·古利特
前锋：丹尼斯·博格坎普、马尔科·范巴斯滕、阿尔扬·罗本

球队身价：6.10亿欧元
世界排名：6
出线概率：78.3%
夺冠概率：5.6%
现任教练：罗纳德·科曼
现任队长：维吉尔·范戴克
球队核心：弗伦基·德容
第一射手：孟菲斯·德佩
聚焦新星：哈维·西蒙斯

出线之路

荷兰队在欧洲杯预选赛抽签中被列为一档球队，最终与法国队、爱尔兰队、希腊队和直布罗陀队同组。

荷兰队首战就以0：4惨败法国队，但此后的三连胜还是让荷兰队占据了出线主动权。虽然荷兰队与法国队的第二次交手时再度败下阵来，但是此后荷兰队还是拿下两连胜提前出线，最后一场大胜直布罗陀队后，荷兰队以6胜2负的战绩获得小组第二。

征战历史

首次参赛年份：1976年

晋级欧洲杯次数：11次（1976、1980、1988、1992、1996、2000、2004、2008、2012、2021、2024年）

最好成绩：冠军（1988年）

预计首发

战术打法

荷兰队在预选赛中的阵形变化多样，使用过三中卫的“3421”阵形，也使用过四后卫的“4231”阵形。在这两个阵形的不断切换使用中，科曼最终基本固定了一套防守站位“4231”、进攻站位“3421”的打法，可以更好地让队员扬长避短，发挥他们的特点。

在进攻端站成“3421”的体系下，两侧的边翼卫提上幅度会非常大，在边路插上助攻，尤其是右边路的邓弗里斯，他对荷兰队的进攻帮助非常大。而加克波和西蒙斯作为左右前腰则内收在两个肋部，对进攻进行衔接梳理。

在由攻转守的过程当中，加克波会往左侧平移，变成防守“4231”阵形下的左边前卫，西蒙斯作为前腰，邓弗里斯在右路则回撤力度较小，作为“4231”阵形的右边前卫。进攻阵形下的三中卫，阿克和范戴克会是防守“4231”阵形的左右中卫，而海特勒伊达则会向右平移到右边后卫的位置，这样就完成了从进攻“3421”阵形到防守“4231”阵形的切换。

进行攻防阵形切换的用意主要还是在于对邓弗里斯所在的右路进行保护，同时减少邓弗里斯以及西蒙斯等人在防守端的压力，让他们可以更好地把精力投入在进攻端。但相应的，在阵形切换的过程当中荷兰队也更容易暴露空当，这可能会被对手利用。

门将：

荷兰队的主力门将依然存在竞争，最有可能的选择是小将维尔布鲁根，他在预选赛后期逐渐获得了首发位置。维尔布鲁根天赋突出，门线反应和出球的精准度都不错，但是他的比赛经验较为欠缺，一旦对方前场逼抢力度增强，维尔布鲁根在后场出球的过程中容易出现慌乱和失误的情况。第二门将大概率是马克·弗莱肯，入选2022年世界杯名单的他这次有很大希望参加欧洲杯，他在预选赛拜洛受伤期间也打过首发，但最终还是没能竞争过更年轻的维尔布鲁根。本赛季伤病不断的尤斯廷·拜洛大概率只能作为第三门将了，本来他是科曼在预选赛初期的主力门将人选，但由于他在欧国联半决赛和决赛发挥糟糕，以及在本赛季初期遭遇伤病，让他的首发位置被维尔布鲁根抢走。此外的门将人选，还有本赛季发挥不错的马尔科·比佐和尼克·奥利，2022年世界杯的主力安德里斯·诺珀特因为在本赛季发挥糟糕已经基本被弃用，同样已经基本不再被征召的还有老将贾斯珀·西莱森和身材高大的谢尔·舍尔彭。

后卫：

三中卫组合，主力左中卫是阿克，他的防守硬度和机动性都不错，他主要负责上抢。在进攻端，阿克插上助攻后在肋部也有一定的传球能力。在防守时的四后卫阵形下，阿克的位置没有太多变化，还是左中卫，如果是纯打四后卫阵形，阿克还能够胜任左后卫。居中的主力中卫还是队长范戴克，他的争顶和正面拦截能力还是非常突出的，他还有很强的定位球得分能力，危急时刻甚至可以客串中锋。在防守阵形中，范戴克是双中卫组合的右中卫，经验丰富的他要承担起指挥防线的职责，来保证阵形流畅地切换，不给对手留太多的空当。主力右中卫是海特勒伊达，他是一个后防线上的多面手，右后卫、中后卫还有后腰都能胜任，具备不错的机动性和出球能力，因此他在进攻阵形下是三中卫的右中卫，在防守阵形中就会向右平移变成四后卫体系的右边后卫，在右路承担主要的防守职责，以减轻邓弗里斯的压力。

轮换方面，替补左中卫的竞争很激烈，老将达利·布林德经验丰富、出球能力强，还能胜任左边翼卫和后腰，但是他的运动能力和对抗硬度都比较差，而且现在主要被当作左边翼卫的轮换。在斯文·博特曼重伤后，米基·范德芬大概率会得到进入名单的机会。范德芬的速度和机动性非常出色，具备不错的补防和回追能力。此外左中卫还有小将乔雷尔·哈托可以作为备选。居中的替补选择是马泰斯·德利赫特，他虽然能力出众，但经验和地位与范戴克还是有差距的。

而右中卫的位置，德利赫特由于机动性没那么出色，想与海特勒伊达竞争主力也并不容易。与德利赫特竞争的是斯特凡·德弗赖，他曾一度被科曼弃用，但由于德利赫特本赛季伤病较多所以才重回国家队获得了一些机会，但其顺位还是落后于德利赫特。右中卫的替补需要看尤里恩·廷贝尔的伤病恢复情况，他的特点和海特勒伊达类似，防守能力还要更强，但本赛季的重伤还是给他参加欧洲杯的前景蒙上了阴影。此外右中卫还可以选择约尔丹·特泽，他同样是中卫和右后卫都能踢的球员，但他的能力和国家队经验都比较一般，所以如果廷贝尔不能及时恢复状态，科曼也存在不带右中卫轮换球员的可能性，毕竟荷兰队阵形变化多样，调整空间会比较大。

主力左边翼卫是哈特曼，这个位置进攻时是“3421”阵形的左边翼卫，防守时是“4231”阵形的左后卫。他在边路的速度很快，在进攻端前插积极，传中的精准度也不错，在预选赛后期凭借出色的表现很快确立了主力地位。哈特曼能有机会也跟蒂雷尔·马拉西亚受伤有关，马拉西亚长期的伤病让他缺席了多场预选赛，从防守对抗的硬度来说，马拉西亚要比哈特曼更好，但前者在进攻中的作用没有那么突出，且本赛季的伤病让他大概率会落选。老将布林德是最有可能的替补人选，他的传中和边路组织都有还不错的水准，但他的体能和速度随年龄增长下滑很大，防守短板明显。此外还有小将伊恩·马特森可以作为左边翼卫的备选。

主力右边翼卫是邓弗里斯，这个位置进攻时是“3421”阵形的左边翼卫，防守时是“4231”阵形的右边前卫。他插上助攻的冲击力对荷兰队的作用非常大，在预选赛甚至完成过单场助攻帽子戏法。邓弗里斯的速度和对抗都很出色，擅长插对方边后卫身后，同时如果左路起球，他的后点包抄同样是非常强力的进攻手段。防守时的轮换是杰里米·弗林蓬，他同样是攻强守弱的边翼卫，所以踢法和邓弗里斯一样，不同点在于弗林蓬更擅长脚下拿球，突破的速度和灵动性更好，但是对抗硬度和包抄都与邓弗里斯差距明显。

后腰：

双后腰的组合，德容的位置会拖得比较靠后，他是进攻的主要发起点，无论是带球推进还是长传转移都具备不错的能力，但德容在防守端的硬度和保护意识并不突出，需要身后的中卫更多地上抢帮助他。与德容搭档首发的大概率是赖因德斯，他在进攻端的位置会靠前一些，前腰也可以打，出色的前插意识是他最大的优点。但是赖因德斯在射门方面效率不高，在预选赛和友谊赛中多次前插创造机会但都没能把握住。在防守端，赖因德斯奔跑积极、覆盖面积大，可以很好地协助德容完成禁区前沿的防守。

轮换方面，防守型后腰的替补存在竞争，目前顺位更靠前的是耶尔迪·斯豪滕，他的拦截能力出众，甚至可以回撤打中后卫，但国家队经验相对欠缺。与他竞争的是2020欧洲杯和2022年世界杯都在名单中的马滕·德罗恩，和斯豪滕一样他也是偏防守型的后腰，但从预选赛后期开始，他的顺位逐渐靠后。偏进攻的轮换有两个选择，首先是马茨·魏费尔，他在中场比较全能，拖后踢防守型后腰也可以，但如果担任这个角色，他的失误会相对多一些。因此在预选赛后期，科曼还愿意把他推到更靠前的位置，发挥他后插上的能力。另一个偏进攻的轮换选择是乔伊·费尔曼，相比魏费尔，费尔曼的拿球组织能力更强，更擅长为队友传威胁球，但是无球跑动和防守能力要稍弱一些。科曼在预选赛当中还考察过很多偏进攻的后腰，2024年首次入选荷兰队的小将昆滕·廷贝尔机动性强，后插上能力突出，存在与前面两人竞争的可能。剩余两名参加了2022年世界杯的球员都不受科曼信任，肯尼思·泰勒是由于在预选赛发挥不佳，而戴维·克拉森则是因为在俱乐部缺少登场机会。参加过2020欧洲杯的赖恩·赫拉芬贝赫同样不受科曼重用，基本只能作为备选了。

前腰：

主力左前腰是加克波，相比于前任主帅路易斯·范加尔，科曼并不喜欢用加克波打中锋，而是让他主要出现在他出道时期打的左路。无论回撤或者拉边，远离禁区的加克波更像是个组织者，在预选赛多次为队友送出过手术刀般的精准传球。当然由于加克波的身高优势和全能属性，他在必要时依然可以顶到中锋的位置上。主力右前腰是科曼着力提拔的小将西蒙斯，在防守时的“4231”阵形中，他会内收与中锋站在一起，不用承担太多防守任务，主要精力基本都是放在进攻端。西蒙斯脚下技术出色，擅长盘带，左右两边都能踢，但是在与队友的配合默契度以及得分效率上还有很大的提升空间。

轮换选择，偏前腰属性的是特恩·科普梅纳斯，虽然他也能打后腰，但相对来讲科曼还是更习惯把他推到更靠近对方禁区的位置。科普梅纳斯的特点主要还是在中路串联，左脚有一脚不错的传球，所以他在预选赛甚至还代打过左边翼卫。至于偏边锋属性的轮换，唐耶尔·马伦的冲击力科曼还是非常看重的，中锋前者也可以胜任，在强调打反击的比赛中他也可能会获得首发机会。

此外的选择，虽然老将乔吉奥尔·维纳尔杜姆实力有所下滑，但他的经验丰富。斯蒂文·贝尔温和马伦类似，都是偏边锋属性的球员，具备不错的速度和突破能力。相比能打中锋的马伦，贝尔温的对抗要差一些，门前的包抄和射门把握性一般。诺亚·朗的得分能力相比贝尔温更好，但绝对速度没有那么快，而且本赛季受伤病困扰较多。由于贝尔温和诺亚·朗、马伦一样都是惯用右脚，有些同质化，因此左脚边锋卡尔文·斯滕斯也有机会与他们竞争，斯滕斯在预选赛完成过帽子戏法，在右路的内切射门能力是队内其他球员不太具备的。另一位左脚球员备选是参加了2020欧洲杯和2022年世界杯的史蒂文·博古伊斯，他更擅长的是为队友传威胁球，但其突破能力差一些，而且在科曼上任后得到的机会也较少。

前锋：

主力中锋大概率还是德佩，他的个人能力还是很突出且全面的，兼具个人得分和为队友创造机会的作用，在多上一个高中锋的情况下，德佩也可以回撤打前腰。不过德佩在本赛季受伤病困扰严重，状态不够稳定。因此高中锋沃特·韦格霍斯特也有机会首发。韦格霍斯特在预选赛整体的表现还是比较稳定的，体现出了作为一个高中锋的支点作用，虽然他有时候对抗不够硬、争顶不够坚决，但他的身高优势还是能够起到很大的战术作用。

此外的选择，约书亚·齐尔克泽在本赛季发挥出色，但还从来没有为荷兰队登过场。布里安·布罗贝伊具备出色的身体素质和冲击力，更适合打反击，但他的支点作用和脚下技术都一般，在预选赛也没有获得太多机会。另一名高中锋蒂斯·达林加也基本只能作为在韦格霍斯特受伤时的备选了。

近年战绩

2022年世界杯：八强

荷兰队在2022年世界杯与东道主卡塔尔队、厄瓜多尔队和塞内加尔队分在一个小组，荷兰队在小组赛首战2：0击败塞内加尔队取得开门红，虽然在第二战与厄瓜多尔队1：1战平，但是凭借第三战2：0击败卡塔尔队，荷兰队还是顺利以小组第一出线。1/8决赛，荷兰队3：1轻松击败美国队。但是在1/4决赛，荷兰队虽然在0：2落后的局面下顽强地将比赛拖进了加时赛，但最终还是在点球大战中不敌阿根廷队遭到淘汰。

2022—2023赛季欧国联：第四名

荷兰队在第三届欧国联A级别比赛中与比利时队、波兰队和威尔士队同处一个小组。荷兰队在小组赛踢得顺风顺水，除了第三轮战平波兰队之外，剩下五场比赛荷兰队都收获了胜利，顺利晋级淘汰赛。但是作为淘汰赛的东道主球队，荷兰队却发挥不佳。半决赛，荷兰队虽然将比赛拖入加时赛，但最终还是不敌克罗地亚队。季军赛，荷兰队又不敌意大利队，最终只获得第四名。

Austria
奥地利队

全称：奥地利国家男子足球队
绰号：条顿骑士
荣誉：1954年世界杯季军
队史最佳阵容：4-3-3
门将：鲁迪·海登
后卫：达维德·阿拉巴、布鲁诺·佩泽、恩斯特·哈佩尔、罗伯特·萨拉
中场：约瑟夫·史密斯蒂克、杰哈德·哈纳皮、恩斯特·奥克维尔克
前锋：马蒂亚斯·辛德拉尔、托尼·波尔斯特、汉斯·克兰克尔

球队身价：2.65亿欧元
世界排名：25
出线概率：48.6%
夺冠概率：1.2%
现任教练：拉尔夫·朗尼克
现任队长：马塞尔·萨比策尔
球队核心：马塞尔·萨比策尔
第一射手：米夏埃尔·格雷戈里奇
聚焦新星：帕特里克·维默尔

出线之路

奥地利队在欧洲杯预选赛抽签中被列为二档球队，最终与比利时队、瑞典队、阿塞拜疆队和爱沙尼亚队同组。

奥地利队在预选赛的开局不错，面对最弱的两个对手取得两连胜，第三场又战平了强大的比利时队，此后更是“双杀”瑞典队彻底把握了出线主动权。随后，奥地利队虽然在次回合不敌比利时队，但在倒数第二战击败阿塞拜疆队之后还是提前出线，最终以6胜1平1负的战绩位列小组第二。

征战历史

首次参赛年份：2008年
晋级欧洲杯次数：4次（2008、2016、2021、2024年）
最好成绩：十六强（2021年）

预计首发

战术打法

奥地利队在朗尼克治下主打四后卫阵形，但是前场球员站位非常灵活，“433”以及“442”的阵形在预选赛中都使用过，但相对来说还是“4231”的阵形使用次数最多，这种阵形在锋线冲击力和中场控制力方面可以更好地兼顾。

在进攻端，朗尼克喜欢使用萨比策和莱默尔两个偏中路属性的球员作为两个首发边前卫，他们在进攻中内收的幅度会很大，来到中路弧顶的位置，与前腰和中锋形成局部多打少的优势，形成弧顶的渗透配合。两个边路的空间则留给边后卫大幅插上，由于阵中有多名能力不错的高中锋球员，因此双中锋的“442”体系，依靠边路传中的战术，奥地利队在预选赛需要加强进攻时也经常会采用。

在防守端，奥地利队通常采用高压逼抢的策略，前场球员在丢失球权之后会第一时间进行反抢，以创造在对方半场就地打反击的机会，但这样的战术策略也会面临比较大的被打反击的风险。在面对同小组内像法国队这样的球队时，奥地利队也可能会变阵“433”阵形，在中路囤积更多的球员，以限制对手在中场推进和控球，同时采用低位防守的策略，来尽可能地减少防守端可以被对手利用的空间。

门将：

主力门将是亚历山大·施拉格尔，他从预选赛起就稳坐首发位置，并且发挥稳健。第二门将是帕特里克·彭茨，他在预选赛一直能够被征召，在2022—2023赛季欧国联和2024年的友谊赛也获得过出场机会。第三门将，小将托拜厄斯·拉瓦尔是更有可能的人选。2020欧洲杯的主力丹尼尔·巴赫曼在友谊赛出现超低级失误后失去了主教练的信任。

备选：尼克拉斯·赫德尔、海因茨·林德纳

后卫：

中卫位置上，在阿拉巴遭遇重伤无缘欧洲杯后，此前的主力右中卫林哈特会改打左中卫，他的防空和定位球能力出色，但是机动性一般，且出球能力与阿拉巴相差巨大。此前的替补中卫凯文·丹索则成为主力右中卫，他的运动能力和出球能力比林哈特好一些，他要承担更多此前阿拉巴的职责。正牌的替补中卫存在竞争，在格诺特·特劳纳和萨姆松·拜多都受到伤病影响的情况下，利奥波德·奎菲尔德是最有可能的人选。边后卫马克西米利安·沃贝尔和波斯奇，还有后腰弗洛里安·格里利奇也都可以客串中卫。

主力左后卫存在竞争，右脚球员姆韦内左右边后卫都能打，速度快，灵活性更好，前插积极还有内切射门的能力。左脚球员沃贝尔则传中更为顺畅，且防守硬度和争顶能力更出色，还可以轮换左中卫。此外后腰克萨韦尔·施拉格尔也可以打左边后卫。

主力右后卫是波斯奇，也能打中卫的他防守硬度不错，而且在进攻端无论是定位球还是远射都具备一定的得分能力。右后卫如果要轮换，就是让姆韦内回到右边，后腰塞瓦尔德和德扬·柳比契奇也都可以代打右后卫。

备选：弗拉菲乌斯·达尼柳克、戴维·施内格、安德烈亚斯·乌尔默、约纳斯·奥尔

后腰：

双后腰组合，塞瓦尔德会主要负责防守拦截，在进攻中的位置会拖得非常靠后——他会来到两名中卫之间发起进攻，必要时塞瓦尔德还可以轮换右后卫。他的搭档克萨韦尔·施拉格尔在进攻中的位置则会更加靠前，施拉格尔有不错的串联梳理和无球前插能力，作为左脚球员的他还可以代打左后卫。后腰的轮换，偏防守型的是格里利奇，他身材高大，正面拦截出色，还可以代打中后卫；偏进攻型则是柳比契奇，他在场上的覆盖面大，后插上进攻很积极，和塞瓦尔德一样也可以代打右后卫。

前卫：

主力前腰是鲍姆加特纳，他的组织能力一般，但是速度快、突破能力也不错，在中路能够与中锋完成快速配合插入对手防线身后，同时他也经常与两个边前卫换位来到边路发挥冲击力的优势。轮换选择是罗马诺·施密德，他也可以打在右边路，但特点更偏向传球串联。

主力左边锋是萨比策，他也可以来到中路轮换前腰或者后腰。在左路，萨比策主要是内收来到肋部传威胁球，同时他还具备出色的内切得分能力。替补的选择是更偏边锋属性的帕特里克·维默尔，他在边路的突破能力更强，而且左右脚均衡，换边去右路也很适应。此外还有弗洛里安·凯因茨作为第三人选，他的能力比较全面，组织、突破和包抄得分都有一定水准，但都不是特别突出。

主力右边前卫是莱默尔，他在边路并没有太多的突破，主要是来到肋部帮助串联，同时他还具备出色的无球前插意识，擅长后插上包抄。在防守端，莱默尔的积极性和对抗硬度都不错，后腰和右后卫也都能打。右边前卫如果要轮换，维默尔、鲍姆加特纳和施密德都可以打。

备选：穆罕默德·查姆、马蒂亚斯·塞德尔、克里斯托夫·朗、马尔科·格吕尔

前锋：

主力中锋大概率会选择格雷戈里奇，他在前场的各项能力均衡，有不错的争顶能力和支点作用，同时还兼具勤勉的奔跑和反击的机动性，但他的弱点是对射门机会的把握不够稳定。轮换的是老将马尔科·阿瑙托维奇，如果变阵“442”他也会进入首发，阿瑙托维奇头球和支点的作用要更为突出，且门前效率更高，但随着年龄增长，他的跑动能力和体能下滑得非常明显。此外的中锋选择，擅长抢点的安德烈亚斯·魏曼和马克西米利安·恩特鲁普也有机会挤进名单。

备选：曼普里特·萨尔卡里亚、尤尼奥尔·阿达穆、吉多·布格施塔勒

近年战绩

2022—2023赛季欧国联：A级别小组赛第四

奥地利队在第三届欧国联A级别比赛中与法国队、克罗地亚队和丹麦队三支球队同处一个小组。奥地利队虽然在首战中客场3：0大胜克罗地亚队取得开门红，但是在此后的比赛中，奥地利队与其他球队的实力差距还是逐步显现出来。后五轮比赛，奥地利队除了在第三轮主场1：1战平法国队之外，剩下四轮比赛都遭遇了失利。最终六轮比赛过后，奥地利队以1胜1平4负的战绩小组垫底、惨遭降级。

France
法国队

全称：法国国家男子足球队
绰号：高卢雄鸡
荣誉：1998、2018年世界杯冠军
1984、2000年欧洲杯亚军
2020—2021赛季欧国联冠军
队史最佳阵容：4-4-2
门将：雨果·洛里斯
后卫：比森特·利扎拉祖、洛朗·布兰科、马塞尔·德塞利、利利安·图拉姆
中场：齐内丁·齐达内、让·蒂加纳、迪迪埃·德尚、米歇尔·普拉蒂尼
前锋：蒂埃里·亨利、基利安·姆巴佩

球队身价：12.10亿欧元
世界排名：2
出线概率：91.3%
夺冠概率：16.2%
现任教练：迪迪埃·德尚
现任队长：基利安·姆巴佩
球队核心：安托万·格列兹曼
第一射手：基利安·姆巴佩
聚焦新星：朗达尔·科洛·穆阿尼

出线之路

由于法国队在2022—2023赛季欧国联的战绩不佳，其在欧洲杯预选赛抽签中被列为二档球队，最终与荷兰队、爱尔兰队、希腊队和直布罗陀队同组。

法国队在预选赛的表现可以说是一骑绝尘，首战就4：0大胜荷兰队，随后实现7连胜直接提前出线。而主场14：0击败直布罗陀队，更是打破了法国队队史的最大比分赢球纪录。虽然在最后一战2：2战平希腊，但法国队还是以7胜1平的战绩拿到小组第一。

征战历史

首次参赛年份：1960年

晋级欧洲杯次数：11次（1960、1984、1992、1996、2000、2004、2008、2012、2016、2021、2024年）

最好成绩：冠军（1984、2000年）

预计首发

战术打法

法国队目前主打的是“433”阵形，中场以格列兹曼为核心进行组织串联，前场则以姆巴佩为最重要的单兵爆点和得分点。主帅德尚擅长根据对手的实力和特点对法国队的战术以及人员进行调整，无论是打控球压制进攻，还是打快速防守反击，法国队都有着出色的战术执行力。

进攻端，在保罗·博格巴淡出法国队之后，格列兹曼承担起了前者原来的职责。现在格列兹曼相比于2018年世界杯时的位置更加靠后，出现在中场更深的位置来进行进攻组织。在更靠近对方禁区的位置，姆巴佩的战术地位也在近些年伴随着他的能力增长而日益提升，他目前在法国队拥有着极高的战术自由度和开火权，而这是法国队打不开局面时最重要的单兵破局手段。

在面对实力较弱的对手时，吉鲁通常会成为主力中锋，在前场发挥他的支点作用和争顶能力，右后卫相应地也会排上像若纳唐·克洛斯这样进攻属性更为突出的球员。而如果面对实力相近的对手、德尚想主打防守反击时，中锋的位置则更有可能使用穆阿尼这种机动性好、奔跑能力更出色的球员，右后卫也会考虑使用孔德这种防守硬度更为出色的球员。

门将：

在2022年世界杯结束、曾经的队长雨果·洛里斯退出法国队之后，迈尼昂成为法国队新的主力门将。迈尼昂的身体素质出色，门线扑救反应非常快，而且也具备不错的出球能力。但他最大的问题就是伤病太多容易影响状态，他在2022年世界杯也是因为伤病而无缘入选名单。第二门将是布莱斯·桑巴，他近几个赛季在俱乐部的表现非常突出，扑救能力属于顶级水准。但是桑巴的出球能力相对一般，而且国家队经验较少。因此，曾随法国队在2018年世界杯夺冠、经验更丰富的门将阿方斯·阿雷奥拉也有机会竞争第二门将，阿雷奥拉本赛季在俱乐部终于获得了主力位置，但是他在预选赛还是没有获得出场的机会，顺位相对落后于桑巴。

后卫：

中卫的首发组合，主力左中卫是于帕梅卡诺，他左中卫和右中卫都能胜任，主要看与谁搭档。在目前法国队所有的中后卫当中，于帕梅卡诺是唯一能锁定首发位置的，他在防守端的对抗和拦截硬度出色，虽然偶有失误的情况，但整体来说在预选赛的发挥还是比较稳健的。在进攻端，于帕梅卡诺的推进和出球能力都是德尚非常看中的，他是法国队在后场非常重要的进攻发起点。最有可能与于帕梅卡诺组成首发搭档的还是科纳特，主打右中卫的他身体素质出色，防空和正面拦截都相当优秀，但弱点在于伤病较多，在俱乐部状态不够稳定。不过科纳特能打主力最大的优势还是在他与于帕梅卡诺的默契配合，两人多年来一直是主力组合，相互之间的协同保护非常到位。在经历了2022年世界杯的历练之后，德尚对于这对中卫组合还是非常信任的，如果不出现伤病问题基本不会将其拆散。替补左中卫是卢卡·埃尔南德斯，他在2022年世界杯上遭遇重伤，复出之后在法国队都是被作为中后卫使用，这跟他在大伤之后运动能力进一步下滑也有关系。在中卫位置上，卢卡的出球和补位意识都还是非常突出的，但硬度和身体条件是他的短板。替补右中卫是和卢卡类型相似的邦雅曼·帕瓦尔，他能胜任右中卫和右后卫，在进攻端的远射和头球抢点能力都非常出色，在预选赛和友谊赛屡屡破门。在防守端，帕瓦尔的协防补位能力也不错，但和卢卡一样，如果帕瓦尔面对强力中锋的话，在对抗和防空上会比较吃力。因此正牌的替补中卫还会有威廉·萨利巴，他的防守硬度以及防空能力都是当今足坛的顶级，左右中卫都能打。虽然萨利巴的出球能力相对一般，但他在法国队打不上主力的原因主要还是表现上的差异，他在法国队登场时的发挥远不如在俱乐部的，与队友的配合也一般，因此他在德尚治下始终不是常规主力。除此之外，法国队还储备着非常多的优秀中卫，本赛季在俱乐部发挥非常突出的让-克莱尔·托迪博是最有可能的备选。参加过2022年世界杯、运动能力出色、中卫和右后卫都能打的阿克塞尔·迪萨西相对来讲顺位就比较靠后了。而像遭遇重伤、状态难以很快恢复的韦斯莱·福法纳，以及还很年轻、经验相对欠缺的小将卡斯泰洛·卢克巴，挤进名单的希望就都比较渺茫了。

主力左后卫是特奥·埃尔南德斯，从2022年世界杯淘汰赛算起，他已经为法国队连续首发出战了14场比赛，2023年法国队的10场比赛，特奥更是打满了900分钟。可以说只要特奥不出现伤病，他就是法国队在左后卫位置的不二选择。特奥在进攻端有着出色的带球推进能力，而且无球前插也很积极，在左边路与姆巴佩有很好的默契，无论是在边路还是在肋部，特奥都能给左路的进攻提供很大帮助。在防守端，特奥近两年在硬度与保护意识上也有提升，不再像出道时那么攻强守弱。如果特奥在欧洲杯上真的需要轮换，那么首选还是卢卡，他的防守相对会好一些，但进攻能力与特奥的差距很大。或者像2022年世界杯一样，用后腰爱德华多·卡马文加代打左后卫也是可能的选项。

主力右后卫是朱尔·孔德，虽然他是中卫出身，但是在法国队，孔德完全被当作右后卫使用。孔德的防守硬度强，但是在进攻端的作用一般。所以如果法国队面对较弱的对手、更强调进攻时，克洛斯会是更可能的首发，他的传中和射门精准度都比孔德更好，但是在防守端的对抗和防空是他的短板。所以如果想要均衡一点，帕瓦尔仍旧有轮换右后卫的可能，而像马洛·古斯托等其他右后卫人选，进入名单的希望就不大了。

中场：

三中场居中拖后的主力是楚阿梅尼，他的防守拦截硬度非常强，主要负责对禁区弧顶的保护。虽然楚阿梅尼在进攻端的传球组织能力还有提升空间，但是他的远射在这两年的进步是比较明显的，会成为额外的破局手段。左中场的主力是拉比奥，他在中场主要起到一个承上启下作用，在进攻中的活动范围非常大，他能够不断地穿插，与队友进行衔接和短传配合，让进攻可以运转得更为流畅。同时拉比奥也有一定的后插上和定位球得分能力。主力右中场是格列兹曼，他是中场最主要的拿球人和组织者，由于要承担一部分之前博格巴的职责，因此现在格列兹曼在进攻中的位置也经常会拖在后面，靠着长传来调度进攻。但相比之下，格列兹曼更为擅长的还是在对方禁区附近不断地穿插拿球，与姆巴佩或者吉鲁等队友形成快速的传切配合。在防守端，格列兹曼现在也需要承担比之前更重的防守任务，作为“433”阵形下的右中场，格列兹曼需要回防撤到很深的位置来保护右肋部的防区。如果德尚使用楚阿梅尼搭档卡马文加的双后腰组合变阵“4231”，那么格列兹曼就会来到前腰位置，相应承担的防守任务也会轻一些。

中场的轮换选择，居中拖后的轮换是卡马文加，他的运动能力出色，在中场奔跑积极，在进攻中也有一定的拿球推进能力。而且卡马文加的位置适应性强，左边后卫也可以胜任，中场如果不轮换楚阿梅尼，也可以撤下拉比奥或者格列兹曼，让卡马文加在两侧的位置加强防守。但卡马文加的弱点还是防守位置感一般，在进攻中的传球组织等方面也不够细腻。此外还可以选择布巴卡尔·卡马拉，他是相对更纯粹的防守型后腰，但在预选赛得到的机会很有限。

中场两侧的轮换，拉比奥的替补主要是优素福·福法纳，他能力全面、攻守均衡，在防守端奔跑积极，在进攻端还有一定的传威胁球和远射得分能力，福法纳在预选赛有限的登场时间里表现非常突出。相对来说进攻能力逊色一些的小将凯夫伦·图拉姆想与福法纳竞争位置就比较困难了，参加了2022年世界杯的若尔丹·韦勒图现在更是已经被德尚完全弃用了。格列兹曼的轮换更有可能的选择是克里斯托弗·恩昆库，德尚更喜欢把他当作进攻型中场去使用。如果恩昆库登场，阵形会变为“4231”，让他作为前腰把更多的精力都放在进攻端，不用承担太多的防守任务。由于恩昆库在本赛季伤病较多，状态起伏不定，因此天赋出众的小将沃伦·扎伊尔-埃梅里很有可能取代恩昆库进入名单，沃伦·扎伊尔-埃梅里在预选赛的国家队首秀当中展现出了不俗的能力。

前锋：

主力左边锋是当家球星姆巴佩，他拥有当今足坛最顶尖一档的单兵破局能力，在左路的内切得分能力极强，哪怕对方使用多人上前的包夹防守，姆巴佩也有能力突破，或者吸引防守，再将球给到无人防守的队友。无论是阵地战还是反击，只要姆巴佩出现在场上，法国队的进攻就有足够的保障。姆巴佩一般是不会被换下的，所以没有固定的替补。如果真的遇到需要轮换的情况，像科曼、穆阿尼还有马库斯·图拉姆都在预选赛和友谊赛中代打过左边锋。

主力右边锋存在竞争，从预选赛的使用情况来看，科曼是更有可能的主力人选，他本赛季在俱乐部的状态也要比奥斯曼·登贝莱更为出色。科曼在右路有着非常快的速度和很强的突破能力，更多时候会选择走外线，然后以下底传中来完成进攻。登贝莱相对来说进攻手段会更丰富一些，他的双足能力很均衡，在左脚能力强于科曼的情况下，登贝莱在右路的内切也会多一点，但由于他本赛季在俱乐部的表现并不突出，尤其是射门得分的效率比较糟糕，因此相对来讲登贝莱目前的顺位还是要稍稍落后于科曼，不过这两人只要不受伤，进入名单应该不会存在什么问题。左脚右边锋穆萨·迪亚比虽然在本赛季发挥不错，内切突破的威胁也很大，但只是在科曼和登贝莱受伤期间被征召过，并没能打动德尚。

主力中锋最有可能的选择还是老将吉鲁，他的头球和支点作用依然非常突出。面对实力一般的球队，如果法国队压制住对手，吉鲁可以发挥更大的作用；但如果面对实力相当的强敌，德尚更强调打防守反击，那么在前场机动性更好、奔跑拉扯空间能力更强的穆阿尼就会取代吉鲁进入首发，穆阿尼在反击中也有不错的个人拿球突破能力，左右边锋也都能胜任。第三名中锋人选是马库斯·图拉姆，他的特点是比较全能，在前场兼具支点作用和机动性。这三人的位置还是非常稳固的，从2022年世界杯起，德尚没有征召过除这三人之外的任何中锋球员。

近年战绩

2022—2023赛季欧国联：A级别小组赛第三

作为上届欧国联冠军的法国队在第三届欧国联A级别比赛中与克罗地亚队、丹麦队和奥地利队同处一个小组。法国队在前四轮比赛中发挥不佳，只取得了2平2负的成绩，德尚在三中卫和四后卫阵形中的徘徊不定影响到了球队的发挥。第五轮比赛，法国队主场2：0击败奥地利队，虽然在最后一轮还是输球，但法国队最终还是以1胜2平3负的战绩拿到了小组第三避免降级。

2022年世界杯：亚军

法国队在2022年世界杯与丹麦队、澳大利亚队和突尼斯队分在一个小组，小组赛前两战法国队取得连胜，虽然在第三战不敌突尼斯队，但法国队还是获得小组第一顺利出线。1/8决赛，法国队3：1轻取波兰队；1/4决赛，法国队面对强敌英格兰队，最终以2：1艰难取胜过关。半决赛，法国队2：0击败阵容不整的摩洛哥队进入决赛。决赛面对阿根廷队，法国队在半场0：2落后的情况下与阿根廷队在120分钟内战成3：3平，但最终在点球大战中失利获得亚军。

E 组

“黄金一代”成过往，“东欧之星”盼通途

比利时

斯洛伐克

罗马尼亚

乌克兰

全景瞭望

详细赛程

第 1 轮

开球时间	交战双方	比赛场地	观赛指数	进球展望
6月17日 21:00	罗马尼亚队 VS 乌克兰队	安联球场	★★★	≤2
6月18日 00:00	比利时队 VS 斯洛伐克队	商业银行竞技球场	★★★★	≥2

第 2 轮

开球时间	交战双方	比赛场地	观赛指数	进球展望
6月21日 21:00	斯洛伐克队 VS 乌克兰队	思捷环球竞技场	★★★	≤2
6月23日 03:00	比利时队 VS 罗马尼亚队	莱茵能源球场	★★★★	≥3

第 3 轮

开球时间	交战双方	比赛场地	观赛指数	进球展望
6月27日 00:00	乌克兰队 VS 比利时队	梅赛德斯-奔驰 竞技场	★★★★★	≤2
6月27日 00:00	斯洛伐克队 VS 罗马尼亚队	商业银行竞技球场	★★★	≥2

红牌概率	点球概率	冷门指数	比分预测	球迷预测
15%	25%	★★	0 : 2； 0 : 1	□:□； □:□
65%	88%	★	2 : 0； 3 : 0	□:□； □:□

红牌概率	点球概率	冷门指数	比分预测	球迷预测
17%	39%	★★	1 : 1； 0 : 2	□:□； □:□
60%	59%	★	3 : 0； 4 : 1	□:□； □:□

红牌概率	点球概率	冷门指数	比分预测	球迷预测
5%	15%	★★★★	1 : 1； 0 : 0	□:□； □:□
5%	25%	★★	1 : 1； 1 : 2	□:□； □:□

焦点短评

比利时队VS斯洛伐克队

在这个球队实力相对较弱的小组中，比利时队毫无疑问是最受关注的一支球队，而面对斯洛伐克队的比赛是比利时队在本届欧洲杯的首场比赛。对于比利时队的新任队长凯文·德布劳内来说，这场比赛也是他自2023年3月的欧洲杯预选赛首轮比赛之后，时隔1年多再次为比利时队出战正式比赛。

同时，这场比赛也是一次老队友之间的对话，斯洛伐克队队长米兰·什克里尼亚尔将面对他曾经在国米的队友罗梅卢·卢卡库，后者在欧洲杯预选赛中打入14球，在射手榜上独领风骚，他与什克里尼亚尔之间也完全没有秘密可言。这次矛与盾的对话，将是本场比赛的重要看点。

比利时队VS乌克兰队

从2020欧洲杯的成绩来看，这组对决毫无疑问是本组关注度最高的一场比赛，两支2020欧洲杯的八强球队将在小组赛第三轮直接对话，这场比赛也很可能将直接决定这个小组的出线形势。对于乌克兰队的核心亚历山大·津琴科来说，他将面对自己曾经的俱乐部队友德布劳内，和现在的俱乐部队友莱安德罗·特罗萨德。阿马杜·奥纳纳和维塔利·米科连科两位俱乐部队友也将在赛场上直接交锋，昔日并肩战斗的队友将在欧洲杯的赛场上各为其主、剑拔弩张。

本组之星

凯文·德布劳内

出生日期：1991年6月28日

在埃登·阿扎尔退役后，德布劳内成为比利时队的新队长，新帅多梅尼科·特德斯科也将原来罗伯托·马丁内斯执教时期的双前腰“3421”阵形，改为了现在的单前腰“4231”阵形，由双核驱动变为单核驱动。队长身份带来的领袖地位和阵形改变带来的战术地位，使得德布劳内现在身上承担着比往日更重的压力。在“黄金一代”球员已经所剩无几的情况下，德布劳内要带领后辈去创造比利时队新的辉煌。队长德布劳内，2024年欧洲杯即是起点！

作者视角

在本小组当中，比利时队的实力毫无疑问是一枝独秀的，其在抽签时抽到了上上签，因为罗马尼亚队和斯洛伐克队的整体实力都很难对比利时队造成什么威胁，反倒是通过附加赛晋级的乌克兰队可能是比利时队在本小组当中最大的对手。以比利时队的实力，以小组第一出线将是大概率的事件。比利时队在特德斯科接手一年多之后的表现非常出色，哪怕在预选赛中遭遇德布劳内和蒂博·库尔图瓦的长期伤病都可以兵不血刃地顺利出线，卢卡库还打破了单届欧洲杯预选赛的进球纪录，等到欧洲杯开赛时德布劳内回归，比利时队有理由被给予更高的期待。

从纸面实力上看，乌克兰队在本小组出线的可能性也很大。在预选赛当中，面对2020欧洲杯的冠亚军英格兰队和意大利队，可以说乌克兰队都没有让对手占到太多便宜。虽然乌克兰队不一定可以复制2020欧洲杯打进八强的出色战绩，但至少小组出线会是其在本届欧洲杯的基本目标。

罗马尼亚队和斯洛伐克队的整体实力相差不大，两队对从小组赛当中突围都没有太多的把握。相比之下斯洛伐克队的经验要更为丰富，队中拥有多名多次参加过欧洲杯的球员，对于欧洲杯的熟悉程度明显胜过罗马尼亚队，前者可能会在两队的直接交锋中占到优势。罗马尼亚队时隔8年重返欧洲杯，但目前队中参加过2016年欧洲杯的球员屈指可数，绝大多数的球员都是第一次参赛，在经验上是同小组当中劣势最大的球队。在整体实力不占优的情况下，与斯洛伐克队的交锋应该会是罗马尼亚队想要小组出线的话必须拿下的比赛。

罗梅卢·卢卡库

出生日期：1993年5月13日

8场14球打破单届欧洲杯预选赛进球纪录，卢卡库可以说是把对2022年世界杯的怨气全都撒在了欧洲杯预选赛上。2022年世界杯，卢卡库因为伤病状态不佳，小组赛末轮连续浪费机会导致比利时队出局。但现如今的卢卡库已经通过欧洲杯预选赛完全把状态找了回来。在新帅特德斯科的战术体系当中，卢卡库被赋予了更为重要的战术地位，他既能为队友创造机会，也能够自己得分，在小组对手不强的情况下，卢卡库将向欧洲杯金靴奖发起冲击。

Belgium
比利时队

全称：比利时国家男子足球队
绰号：欧洲红魔
荣誉：1980年欧洲杯亚军
2018年世界杯季军
队史最佳阵容：4–2–3–1
门将：蒂博·库尔图瓦
后卫：扬·费尔通亨、文森特·孔帕尼、托比·阿尔德韦雷尔德、埃里克·格雷茨
后腰：威尔弗雷德·范莫尔、恩佐·希福
中场：埃登·阿扎尔、凯文·德布劳内、扬·瑟勒芒斯
前锋：罗梅卢·卢卡库

球队身价：5.40亿欧元
世界排名：4
出线概率：91.3%
夺冠概率：6.3%
现任教练：多梅尼科·特德斯科
现任队长：凯文·德布劳内
球队核心：凯文·德布劳内
第一射手：罗梅卢·卢卡库
聚焦新星：阿马杜·奥纳纳

出线之路

比利时队在欧洲杯预选赛抽签中被列为一档球队，最终与奥地利队、瑞典队、阿塞拜疆队和爱沙尼亚队同组。

比利时队在预选赛首战3：0击败瑞典队拿下开门红，在第二战1：1战平奥地利队。此后比利时队拿下四连胜，次回合击败奥地利队让比利时队基本锁定出线名额。伴随着最后一轮5：0大胜阿塞拜疆队，比利时队以6胜2平的战绩顺利获得小组第一。

征战历史

首次参赛年份：1972年

晋级欧洲杯次数：7次（1972、1980、1984、2000、2016、2021、2024年）

最好成绩：亚军（1980年）

预计首发

战术打法

比利时队目前主打“4231”的阵形，其实这个站位更近似于防守时的站位，而比利时队在进攻时整体压上的幅度很大，形成“433”或者更极端情况下“3241”的压迫站位。主帅特德斯科的要求是球队在进攻端打得更加快速直接，增加快速的直传球。虽然这样的战术会增加失误率，但伴随着球员在前场积极地反抢，比利时队能获得更多的进攻次数。卢卡库以14球打破欧洲杯预选赛的进球纪录也是得益于比利时队的战术打法。

由于左边后卫泰亚特是中后卫出身，进攻时他压上的幅度较小，会内收变成“3241”的左中卫，把左边路留给突破能力出众的边锋多库。右后卫卡斯塔涅的助攻能力比较出色，会在右边路大幅插上，相应的右边锋会内收，更多地在肋部活动。

在防守端，比利时队还是会站成比较规整的“4231”阵形，在阵形切换的过程当中，老将费尔通亨要起到指挥防线的作用，保证阵形转换流畅不给对手留下太多空当。在进攻中，费尔通亨也会拖在阵形的最后，负责长传调度，以及随时准备在对手打反击时组织退守，整体作用甚至趋近于20世纪足坛的拖后中卫清道夫的角色。这也算是特德斯科接手后给球队带来的重要改变。

名单解析

门将：

比利时队主力门将的选择在2022年世界杯后第一次出现更换，此前的首发库尔图瓦由于遭遇重伤以及与主帅特德斯科的矛盾，宣布不参加2024年欧洲杯，再加上此前一直担任第二门将的老将西蒙·米尼奥莱退出比利时队，多年以来的第三门将卡斯蒂尔斯终于迎来了自己第一次作为主力出战大赛的机会。虽然卡斯蒂尔斯与库尔图瓦在能力上有差距，但是前者已经入选比利时队超过十年，从能力和经验上看，他已经是目前比利时队最好的选择了。第二门将是马茨·泽尔斯，他在2020欧洲杯顶替受伤的卡斯蒂尔斯获得了进入名单的机会，在预选赛也因为卡斯蒂尔斯受伤而多次登场，但整体的表现与能力还是与卡斯蒂尔斯有差距。第三门将是托马斯·卡明斯基，他在2020欧洲杯因为米尼奥莱受伤而被临时补招进队，在2024年的友谊赛才刚完成国家队首秀。此外的门将，在预选赛也进入过比赛名单的阿诺·博达尔可以作为备选。

后卫：

主力左中卫是老将费尔通亨，虽然他的运动能力与巅峰时期相比已经下滑明显，但是费尔通亨仍然具备不错的防守意识，同时还有这些年积累的丰富经验。在防守中，费尔通亨要承担起组织指挥防线的职责，他具备不错的防空能力，但转身慢、机动性差的问题比年轻时要更为严重。在进攻端，费尔通亨的位置会拖得很靠后，比泰亚特和法埃斯的站位还要更靠后，他在负责长传调度的同时，还要随时注意对方可能发起的反击，类似于拖后中卫清道夫的角色。主力右中卫是法埃斯，他的机动性要更好，在防线上会有更多的上抢。在进攻中，法埃斯的位置也会更加靠前，相比费尔通亨，法埃斯会有更多的带球推进和无球前插。替补中卫首先是参加了2022年世界杯的小将泽诺·德巴斯特，他身体天赋出众，兼具防空能力和机动性，所以也可以作为右边后卫的轮换。由于左后卫泰亚特和后腰奥纳纳也可以胜任中卫，所以存在不带第四名中卫的可能性。如果要带，2024年首次入选比利时队的科尼·德温特是最可能的人选。而预选赛使用较多的阿明·达希勒则因为伤病可能失去位置，他左右中卫都能打，特点和德巴斯特类似，也能打右后卫，机动性甚至要更为突出，但达希勒身材瘦弱，对抗能力比较差，防守强力中锋时会比较吃力。而由于左边后卫泰亚特也可以内收打左中卫，因此其他的中卫选择目前基本是只能作为备选了，后腰和中后卫都能打的莱安德·登东克尔虽然参加过两届世界杯和一届欧洲杯，具备丰富的经验，但是他本赛季在俱乐部缺乏登场机会。同样在俱乐部位置不稳固的还有塞巴斯蒂安·博尔瑙，因此他在预选赛后期失去了特德斯科的信任。而曾经被寄予厚望的津霍·范赫伊斯登近几年的发展也不够顺利，进入名单的希望也不大。

主力左后卫是泰亚特，他是中卫出身，在左边路的防守明显强于进攻。泰亚特在防守端的硬度和速度都不错，面对强力边锋时也不吃亏。在进攻端，泰亚特不会有太多的插上助攻，而是会内收一些，与法埃斯一左一右地站在费尔通亨身前帮助中场的串联，以及在球队丢失球权的情况下第一时间拦截反抢。左后卫替补是奥利维尔·德曼，他是一名进攻能力出色的边后卫，在左路具备不错的传中能力，如果需要两侧的边翼卫都压上进攻，德曼应该会获得一些机会。此外，左后卫在预选赛还使用过亚历克西斯·萨勒马克尔斯，左右边后卫和左右边锋他都能踢，但作为边后卫防守能力和意识都一般。

主力右后卫是卡斯塔涅，他的能力非常全面，通常情况下，他在右路会有比较多的助攻，因为身前的右边锋一般都会使用内收较多的左脚球员。但在预选赛当中，特德斯科也试验过卡斯塔涅内收来到后腰位置上的踢法。在必要时卡斯塔涅也可以轮换左边后卫，他左右脚的能力相对还是比较均衡的。替补的选择有很多，刚才提到的中卫德巴和达希勒都可以胜任右后卫，边路多面手萨勒马克斯也可以踢，因此存在特德斯科不带正牌替补右后卫的可能性。如果要带，参加过两届世界杯和两届欧洲杯的老将托马斯·默尼耶还是最有可能的选择，他本赛季受到了严重的伤病困扰，如果恢复状态，他在进攻端还是有着非常不错的前插和传中能力，但在防守端，默尼耶的机动性随着年龄的增长进一步下滑，面对强力边锋时会显得比较吃力。此外，右后卫在预选赛还征召过雨果·西奎特，但是特德斯科对他的能力并不认可，并没有给他太多的机会，大概率只能是当作备选。

中场：

双后腰中拖后的主力人选是阿马杜·奥纳纳，他在中场会负责拦截与防守。奥纳纳身材高大，同时兼具相当不错的机动性，因此防守面积非常大，抢断成功率高。但在进攻端，奥纳纳的技术还比较粗糙，进攻方式以无球的后插上为主，拿球时的传球调度和创造力都一般，同时他也比较惧怕对方增大逼抢力度。奥纳纳的替补选择还存在比较大的竞争，在罗密欧·拉维亚因伤无缘欧洲杯后，偏防守型的轮换选择只有曼德拉·凯塔，但他也并不是很受特德斯科的信任。在正面拦截能力上，凯塔没有奥纳纳出色，但积极的奔跑和补防是他的特点。因此相对来讲，更有可能入选的轮换是阿斯特尔·夫兰克斯，他主要也是踢在中场拖后的位置，在进攻端的组织能力更强，但他的防守相对要弱一些。

双后腰中靠前的这个位置，主力还存在竞争，奥雷尔·曼加拉存在更大的可能性来担任首发。他的能力非常全面，最突出的特点是勤勉地奔跑，在防守端的补位和进攻端的后插上都很积极，在场上的存在感很高。但相对来说，曼加拉在防守端的能力要更突出，所以也可以打靠后的位置作为奥纳纳的轮换。相应地，曼加拉在进攻中的组织串联没有那么突出，所以尤里·蒂勒曼斯也还有打首发的可能性。蒂勒曼斯在组织进攻和传威胁球方面明显更为出色，尤其是长传打对手防线身后发动反击的能力非常强。但他的弱点也很明显，从奔跑的积极性到拦截抢断的硬度都比较一般，经常出现防区被对手轻易通过的情况。所以在作用与德布劳内重叠度较高的情况下，蒂勒曼斯打首发的概率是不如防守更好的曼加拉高。此外，这个位置还可以选择天才新星阿图尔·费尔梅伦，虽然他还很年轻，但是在中场的处理球已经显得非常成熟，不过在防守对抗等方面还是劣势比较明显。

主力前腰是德布劳内，虽然他因为伤病只参加了一场预选赛，但是只要他是健康的，德布劳内就肯定是比利时队的组织核心。相比于罗伯托·马丁内斯执教时期他和阿扎尔还要分享球权，现在的德布劳内有着绝对的球权，通过极具创造力的传球为队友创造机会，同时在防守端德布劳内也不用被分散太多精力。轮换首先是莱安德罗·特罗萨德，虽然他左边锋也能打，但在比利时队还是主要被放在中路，在预选赛也主要是作为德布劳内无法登场时的替补。特罗萨德的优点是个人盘带能力突出，在禁区附近可以快速传球给队友创造机会，但是不具备德布劳内的回撤长传调度和开阔的视野。第三个前腰人选是夏尔·德凯特拉勒，他的身材高大，兼具打中锋的能力，是偏支点型的前腰，但传球不如德布劳内，带球不如特罗萨德。其余的前腰备选，中路和左路都能打的迈克·特雷索因为在本赛季转会后的表现不佳已经失去了主帅信任，而像参加了2022年世界杯的汉斯·瓦纳肯，以及参加了2020欧洲杯的丹尼斯·普拉特，甚至在预选赛都没能获得登场机会。所以米西·巴舒亚伊也还是有一定机会，经验更丰富的他，对抗以及支点作用强，但是在速度、盘带以及本赛季俱乐部的表现方面差一些，顺位上还是要落后一些。

前锋：

主力左边锋多库是球队最重要的爆点，他的突破过人具备当今足坛的顶尖水准，如果打不开局面，多库的突破是比利时队最重要的武器。轮换的选择是扬尼克·卡拉斯科，他随着年龄增长，突破的能力已经有所下滑，但是依旧具备丰富的经验和多样的进攻手段。除了主打的左边锋，卡拉斯科在预选赛还打过前腰和右路。

主力右边锋更可能的选择是若昂·巴卡约科，虽然他的技术要相对粗糙一些，但是巴卡约科身体素质出色，速度也非常快，他本赛季在俱乐部的发挥相比与其竞争的多迪·卢克巴基奥也要更出色一些。卢克巴吉奥则有着更出色的技术和盘带能力，内切射门也颇具威胁，在预选赛上演过技惊四座的内切连过数人进球。但他本赛季在俱乐部的状态一般，且被伤病困扰，因此从预选赛后期开始他的顺位逐渐落后。

主力中锋还是卢卡库，他在8场预选赛中打进14球，打破了单届欧洲杯预选赛的进球纪录。卢卡库具备出色的支点能力，能够很好地背身做墙给队友创造机会，出色的对抗能力让绝大多数中后卫都无法对他形成有效限制。只要卢卡库能把在预选赛的出色状态带到正赛，比利时队的进攻就有了充分保障。轮换的选择是罗伊斯·奥蓬达，他是一名速度型的前锋，跑位灵动，擅长插对手身后。但是奥蓬达在比利时队的射门效率一直不高，无论是在预选赛还是友谊赛，均多次出现浪费绝佳机会的情况。所以米西·巴舒亚伊也还是有一定的机会，经验更丰富的他，对抗能力以及支点作用强，但是在速度、盘带以及本赛季在俱乐部的表现方面都不够出色，在顺位上还是要落后一些。

近年战绩

2022—2023赛季欧国联：A级别小组赛第二

比利时队在第三届欧国联A级别比赛中与荷兰队、波兰队和威尔士队同处一个小组。首场比赛比利时队就1∶4惨败荷兰队，但此后比利时队还是迅速找回了状态，“双杀”波兰队，面对威尔士队也是1胜1平。不过在小组赛最后一轮，比利时队再一次不敌荷兰队，最终比利时队以3胜1平2负的战绩位列小组第二，无缘淘汰赛。

2022年世界杯：小组赛出局

比利时队在2022年世界杯与克罗地亚队、摩洛哥队和加拿大队分在一个小组。虽然小组赛首轮卢卡库因伤缺阵，但比利时队还是依靠巴舒亚伊的进球击败了加拿大队。第二战面对摩洛哥队，比利时队被对手的定位球击溃遭遇失利。第三场生死战，比利时队面对克罗地亚队，卢卡库屡次错失破门良机，最终双方互交白卷。比利时队以1胜1平1负的战绩获得小组第三惨遭淘汰。

Slovakia
斯洛伐克队

全称：斯洛伐克国家男子足球队
绰号：东欧之星
队史最佳阵容：4-3-3
门将：维利亚姆·施洛伊夫
后卫：科洛曼·格格、扬·波普卢哈尔、安东·昂德鲁什、卡罗尔·多比亚斯
中场：马雷克·哈姆西克、拉迪斯拉夫·尤尔克米克、拉迪斯拉夫·库纳
前锋：安德烈·科瓦什纳克、约瑟夫·阿达梅茨、马里安·马斯尼

球队身价：1.26亿欧元
世界排名：48
出线概率：48.6%
夺冠概率：0.1%
现任教练：弗朗切斯科·卡尔佐纳
现任队长：米兰·什克里尼亚尔
球队核心：尤拉伊·库茨卡
第一射手：卢卡斯·哈拉斯林
聚焦新星：托马什·苏斯洛夫

出线之路

由于斯洛伐克队在2022—2023赛季欧国联中的糟糕表现，其在欧洲杯预选赛抽签中被列为五档球队。但斯洛伐克队的签运出色，最终与葡萄牙队、波黑队、冰岛队、卢森堡队和列支敦士登队同组。

斯洛伐克队在首场比赛中0：0战平卢森堡队，随后通过一波三连胜，迅速拿到了有利的排名。虽然斯洛伐克队在此后两场面对葡萄牙队的比赛中都遭遇失利，但在其余的比赛中都稳稳地取得胜利。最终斯洛伐克队以7胜1平2负的战绩获得小组第二出线。

征战历史

首次参赛年份：2016年
晋级欧洲杯次数：3次（2016、2021、2024年）
最好成绩：十六强（2016年）

预计首发

战术打法

斯洛伐克队目前主打的是“433”阵形，主帅卡尔佐纳采取的还是相对比较保守的战术，球队在场上并没有太高的控球率，采取低位防守的策略。在进攻中则以快速反击为主，阵地战主要靠后场的长传来发起。

在防守中，卡尔佐纳要求两侧的边锋要回撤到非常深的位置来协助边后卫进行防守，而对对方后场的逼抢主要靠两侧的中场球员来完成。因此在防守阵形下，斯洛伐克队经常出现两侧中场球员的站位比边锋还要靠前的情况。当然，如果面对的是实力和中场控制力明显强于自己的对手，斯洛伐克队通常也会放弃在对手半场的逼抢，坚决地在本方防守30米区域内采取人员密集的低位防守。

在进攻端，两名中后卫的长传是非常重要的进攻发起方式，此外则是依靠后腰洛博特卡出色的拿球能力进行推进。在进攻当中，边锋的内切和中场的后插上是斯洛伐克队比较倚仗的得分方式，中锋在斯洛伐克队的进攻当中则以争顶、吸引防守等战术作用为主，不会承担太多的射门职责，两名中锋在预选赛的进球数也都比较少。相对来讲，斯洛伐克队在阵地战的进攻手段并不丰富，快速反击和定位球会是其主要的得分手段。

门将：

主力门将还是老将杜布拉夫卡，虽然他在2020欧洲杯上曾出现低级失误，但他的能力和经验还是三名门将当中最突出的。在俱乐部的首发位置，也有助于杜布拉夫卡保持状态。第二门将还是马雷克·罗达克，不过他在俱乐部很难获得出场机会。第三门将则是还没完成国家队首秀的亨利克·拉瓦斯，在预选赛一直入选名单的他应该能锁定一个位置。

后卫：

主力左中卫是队长什克里尼亚尔，他的防守能力和意识都很不错，主要承担指挥防线和补防的职责。但什克里尼亚尔在防空上有弱点，在预选赛多次因为争顶失败而出现险情。主力右中卫是瓦夫罗，他的防空能力和正面拦截硬度要更突出，上抢会多一些，还有不错的长传能力。替补左中卫是2024年首次入选国家队的亚当·奥伯特，作为队内唯一的左脚中卫，他在出球方面有明显优势，因此在卢博米尔·萨特卡因伤无缘欧洲杯后，奥伯特已经基本锁定了位置。替补右中卫诺伯特·乔姆博在预选赛的登场次数更多，他在后场的补防意识和机动性要更好，也能在需要加强防守时打右边后卫，但他的对抗和防空的能力比较一般。

主力左后卫是汉茨科，中卫和左后卫他都能打，防守的硬度出色。在进攻端，汉茨科的传中精准，还具备不错的远射能力，因此斯洛伐克队的左路进攻明显多于右路。轮换是左后卫和左中卫同样都能胜任的弗农·德马尔科，不过他在攻守两端的能力都与汉茨科差距明显。

主力右后卫是老将佩卡里克，他经验丰富而且传中精准度高，但近两年体能和速度都下滑极为明显，他身后的空当经常是对手重点攻击的区域。替补方面，如果想加强防守可以像前文说的一样用中后卫乔姆博来代打；如果想加强进攻，则可以选择体能好、速度快，肋部前插更为积极的米哈尔·托米奇。

中场：

三中场居中拖后的主力是洛博特卡，他有出色的盘带和推进能力，传球、组织和远射也不错。不过他在防守端对禁区的保护做得比较差，拦截硬度和补防意识都比较一般。轮换是帕特里克·赫罗索夫斯基，他的防守要更为出色，奔跑积极，到位率也很高。不过赫罗索夫斯基的脚下技术一般，在进攻端的作用要弱很多。

主力左中场是杜达，他的无球穿插跑动较多，他擅长肋部前插得分，与队友之间的快速短传配合也比较熟练。主力右中场是老将库茨卡，他经验丰富，有出色的组织和远射能力，在禁区弧顶位置的进攻手段多样，给对方造成的威胁很大。但是库茨卡随着年龄的增长，他的体能和跑动积极性都有明显的下滑。

中场两侧的轮换首先是拉斯洛·贝内斯，他和杜达的类型比较相似，在中场的无球跑动积极，覆盖面积大。他在进攻中的肋部前插会比较有威胁，前插下底后接边后卫传球，然后倒三角给进禁区是他典型的进攻方式。其次的轮换是马图斯·贝罗，他在中场具备不错的拿球能力，边锋也能胜任，不过他在本赛季遭遇重伤，能否进入名单要看恢复情况。

备选：雅库布·卡达克、多米尼克·霍利、托马什·里戈、克里斯蒂安·赫尔茨

前锋：

主力左边锋是队内最重要的得分点哈拉斯林，他在边路的突破犀利，且内切射门的能力在预选赛有突出的展现。轮换的选择是在2016年欧洲杯和2020欧洲杯均是首发的罗伯特·马克，左右两边都能打的他随着年龄的增长，速度和突破能力都有下滑，因此降格为了轮换。

主力右边锋是施兰茨，他左右脚均衡，而且兼具中锋属性，经常会内收在肋部与队友形成配合。轮换的是左脚球员托马什·苏斯洛夫，他在右路的内切突破能力不错，但是射门比较糟糕，而且他右脚能力较差，在边路作用相对单一。右边锋轮换还可以选择大卫·杜里斯，他作为右脚球员在右路走外线的尝试更多，包抄得分的能力也更强。

主力中锋大概率还是会选择头球和支点作用更强的波兹尼克，他可以更好地为队友创造机会。轮换的罗伯特·波列夫卡则机动性更好，反击中的速度也更快，不过他和波兹尼克在预选赛中的射门效率都非常一般。

备选：卢博米尔·图普塔、莱奥·绍尔、埃里克·伊尔卡、大卫·斯特雷莱茨、亚当·兹雷拉克

近年战绩

2022—2023赛季欧国联：C级别小组赛第三

斯洛伐克队在第三届欧国联C级别比赛中与哈萨克斯坦队、阿塞拜疆队和白俄罗斯队三支球队同处一个小组。前三轮比赛，斯洛伐克队在客场分别击败了白俄罗斯队和阿塞拜疆队，但在主场不敌哈萨克斯坦队。在第四轮再一次输给哈萨克斯坦队后，斯洛伐克队士气大减，最后两轮遭遇1平1负。最终斯洛伐克队以2胜1平3负的战绩位列小组第三。

Romania
罗马尼亚队

全称：罗马尼亚国家男子足球队
绰号：黄玫瑰
荣誉：1994年世界杯八强
　　　2000年欧洲杯八强
队史最佳阵容：4-4-2
门将：西尔维乌·伦格
后卫：克里斯蒂安·齐沃、格奥尔吉·波佩斯库、科内尔·迪努、丹·佩特雷斯库
中场：伊利·巴拉奇、尼古拉·多尔宾、多里内尔·蒙特亚努、格奥尔基·哈吉
前锋：弗洛雷亚·杜米特拉切、阿德里安·穆图

球队身价：9853万欧元
世界排名：45
出线概率：57.8%
夺冠概率：0.4%
现任教练：爱德华·约尔德内斯库
现任队长：尼古拉·斯坦丘
球队核心：尼古拉·斯坦丘
第一射手：德尼斯·阿利贝克
聚焦新星：拉杜·德勒古欣

出线之路

罗马尼亚队在欧洲杯预选赛抽签中被列为三档球队，最终与瑞士队、以色列队、科索沃队、白俄罗斯队和安道尔队同组。

罗马尼亚队在预选赛初期取得了两连胜，虽然在此后三轮遭遇三连平，但面对瑞士队两球落后最终却扳平比分的比赛还是很提振球队士气。后五轮比赛，罗马尼亚队渐入佳境，在倒数第二轮击败以色列队提前出线，最后一轮又击败瑞士队。最终罗马尼亚队以6胜4平的战绩获得小组第一。

征战历史

首次参赛年份：1984年
晋级欧洲杯次数：6次（1984、1996、2000、2008、2016、2024年）
最好成绩：八强（2000年）

预计首发

战术打法

罗马尼亚队目前主打的是“433”阵形，但是三名中场的站位非常灵活，除了斯克雷丘相对固定会拖后一些、主要承担防守职责之外，另外两名中场的位置互换非常频繁。尤其是中场核心斯坦丘，他的位置在很多时候会顶得比较靠上，所以罗马尼亚队的阵形有时看起来也会像“4231”。

在进攻端，罗马尼亚队在预选赛中并没有展现出很强的中场控制力，很多时候是让出球权采取低位防守策略的一方。不过罗马尼亚队的反击效率非常高，定位球得分能力也比较突出。罗马尼亚队在两侧边锋有着丰富且多样化的人员储备，中场的很多球员也是攻守兼备，居中拖后和两侧的位置都可以胜任。因此约尔德内斯库可以根据对手的情况来改变罗马尼亚队的首发组合，来对对手形成更具针对性的打击。

在防守端，罗马尼亚队通常会采取低位防守的策略，在对方半场不会有太强的逼抢力度。罗马尼亚队的后防线人员相对固定，布尔克和德勒古欣的中卫组合一同首发了10场预选赛，相互之间配合默契。而在需要着重加强防守时，罗马尼亚队也可以变阵三中卫五后卫，在后防线囤积更多的人来限制对手的进攻。

名单解析

门将：

主力门将是扑救能力出色的莫尔多万，他的门线反应非常快，在预选赛多次上演关键扑救，但他的活动范围较小，出击能力一般，且目前在俱乐部没有稳定的出场时间。第二门将是老将弗洛林·尼察，他拥有丰富的经验，在俱乐部也有稳定的主力位置。第三门将大概率会选择本赛季在俱乐部发挥出色的斯特凡·特尔诺瓦努。

备选：马里安·艾瓦尼、约努茨·拉杜

后卫：

主力左中卫是布尔克，他在防线上的补位相对会多一些，同时具备出色的争顶能力，定位球抢点得分也很出色。主力右中卫是德勒古欣，他在防守端的上抢会更多，硬度出色、抢断效率高，同时在进攻时的推进和出球也会多一些。由于从2023年至今，布尔克和德勒古欣联袂首发了罗马尼亚队的所有12场比赛，因此中后卫的轮换还很难确定。左中卫替补更有可能选择博格丹·拉科维坦，右中卫替补最有可能选择在俱乐部重新赢得位置的昂纳特·内德尔切鲁。此外在预选赛变阵三中卫时有过出场的阿德里安·鲁斯也有机会入选。

主力左后卫是班库，他在边路的进攻能力突出，肋部前插积极，传中的精准度也不错。但在防守端，班库的硬度以及对身后的保护做得都不是很好。轮换的选择是多面手德扬·索雷斯库，他作为右脚球员，在左路压上时有一定的内切射门能力，而且左右边锋和左右边后卫都能胜任。如果还想用左脚左后卫做备选，还有劳尔·奥普鲁可以选择。

主力右后卫存在竞争，预选赛前期的主力马尼亚还是更有可能的首发，他攻守均衡，在边路有不错的往返能力，左后卫也能胜任。但由于马尼亚在本赛季受到了长期的伤病困扰，所以在预选赛后期约尔德内斯库起用了安德烈·拉蒂乌作为主力，他在边路有更突出的进攻属性，带球推进和插上传中在预选赛都有不错的表现。

备选：马里奥·卡莫拉、安德烈斯·杜米特雷斯库、瓦西里·莫戈什

中场：

在防守型后腰弗拉基米尔·斯克雷丘因伤无缘欧洲杯后，三中场居中拖后的主力应该会使用组织进攻能力相对好一些的马里乌斯·马林，他也可以踢中场两侧的位置。在防守端，虽然马林有不错的覆盖和补防意识，但他的硬度一般，经常抢断失败造成自己的失位。所以在斯克雷丘受伤后，首次入选国家队的防守型后腰阿德里安·苏特也有进入名单的机会。

主力左中场是队长斯坦丘，他有着出色

的持球推进能力，远射和直接任意球也是罗马尼亚队非常倚仗的得分手段。主力右中场是拉兹万·马林，相比斯坦丘，拉兹万·马林更擅长传球，在预选赛经常有长传直接打穿对方防线的情况，在防守端，拉兹万·马林的积极性也好于斯坦丘，在需要加强进攻时也可以打居中拖后的位置来组织。轮换的选择是亚历山德鲁·齐奥卡特乌，他和拉兹万·马林的类型相近，在中场攻守兼备，也可以打居中拖后，但齐奥卡特乌在控球组织上相对还是要弱一些。此外的轮换还可以选择更偏进攻、前插得分能力更强的达里乌斯·奥拉鲁。

备选：图多尔·伯卢策、弗洛林·特纳塞、安德烈·阿特南

前锋：

主力左边锋存在竞争，最有可能选择的是冲击力出色的丹尼斯·曼，他作为左脚球员在左路有不错的传中，兼具包抄得分能力。但论包抄和射门，兼具中锋属性的丹尼斯·德勒古什要更为突出，但他在边路的速度和突破比较一般。另一个轮换瓦伦丁·米赫伊勒则在三人中速度最快，在反击中的作用非常大。

主力右边锋使用亚尼斯·哈吉的可能性最大，他有着出色的内切和串联组织能力，得分能力也很强，还可以回撤打中场。轮换的选择首先是弗洛里内尔·科曼，左右脚均衡的他左右两侧都能打，有着不错的对抗能力和冲击力。另一个轮换则是左脚的奥林皮乌·莫鲁坦，他脚下技术细腻，且传中非常精准，在预选赛送出过多次助攻。

主力中锋更大可能会选择阿利贝克，他的得分能力相对出色，左脚射门力量极大，还有一脚重炮任意球的能力。轮换的是乔治·普斯卡什，他的支点作用和争顶相对好一些，但是门前把握相对弱一些，而且他本赛季在俱乐部缺乏登场时间和比赛状态。

备选：亚历克斯·多布雷、奥克塔维安·波佩斯库、路易斯·蒙泰亚努

近年战绩

2022—2023赛季欧国联：B级别小组赛第四

罗马尼亚队在第三届欧国联B级别比赛中与波黑队、芬兰队和黑山队三支球队同处一个小组。罗马尼亚队开局不利，前两轮面对黑山队和波黑队遭遇两连败。虽然第三轮罗马尼亚队在主场击败芬兰队，但第四轮在主场0：3惨败黑山队。此时的罗马尼亚队已经被推到了降级边缘，虽然在最后两轮比赛中罗马尼亚队取得1胜1平，以2胜1平3负的战绩与黑山队同积7分，但因为胜负关系的劣势排名垫底惨遭降级。

Ukraine 乌克兰队

UKRAINE

全称：乌克兰国家男子足球队
绰号：哥萨克骑兵
队史最佳阵容：4-3-3
门将：亚历山大·绍夫科夫斯基
后卫：阿纳托利·杰米亚年科、米哈伊洛·福缅科、奥列格·库兹涅佐夫、弗拉基米尔·别索诺夫
中场：亚历山大·扎瓦罗夫、莱奥尼德·布里亚克、阿列克谢·米哈伊利琴科
前锋：安德烈·舍甫琴科、奥列格·布洛欣、瓦列里·洛巴诺夫斯基

球队身价：3.54亿欧元
世界排名：24
出线概率：62.5%
夺冠概率：1.0%
现任教练：谢尔盖·雷布罗夫
现任队长：安德里·亚尔莫连科
球队核心：亚历山大·津琴科
第一射手：阿尔乔姆·多夫贝克
聚焦新星：安德里·卢宁

出线之路

乌克兰队在欧洲杯预选赛抽签中被列为三档球队，最终与英格兰队、意大利队、北马其顿队、马耳他队同处“死亡之组”。

乌克兰队在预选赛中给英格兰队和意大利队制造了很大的麻烦，其最后一轮比赛只要击败意大利队就可以出线，但最终收获平局。乌克兰队位列小组第三无缘直接晋级，只能参加附加赛。在附加赛中，乌克兰队先后击败波黑队和冰岛队成功进入决赛圈。

征战历史

首次参赛年份：2012年

晋级欧洲杯次数：4次（2012、2016、2021、2024年）

最好成绩：八强（2021年）

预计首发

战术打法

乌克兰队在主教练雷布罗夫的带领下主要采用的是“4231”阵形。在进攻当中，乌克兰队的进攻手段多样，边中结合的立体进攻体系经常能够让对方的防线顾此失彼，其中最主要的进攻战术就在于乌克兰队中前场人员的换位。

津琴科在乌克兰队基本是被直接固定在中场中路的后腰位置上，这和他在俱乐部的左后卫内收踢法并不一样。在乌克兰队，津琴科有更多的自主权，可以把更多的精力放在进攻端，他在中场的前插和推进次数也会很多，所以在进攻时津琴科也经常会前提到和苏达科夫在一条线上，形成类似“4141”的站位。乌克兰队的两名边锋穆德雷克和齐甘科夫也都具备相当出色的内切能力，此时的津琴科和苏达科夫也可以换位套边插上进行传中，这样的人员反复穿插跑动，可以在很大程度上搅乱对方的防守体系和人员盯防。

在防守端退防落位时，津琴科通常会退到较深的位置，协助斯捷潘年科对禁区弧顶进行保护，包括在面对较强的对手时，苏达科夫的退防位置也会较深，甚至形成类似“451”的低位防守站位。如果是这样的战术安排，乌克兰队的进攻就将以前场三人组的快速反击为主，津琴科和苏达科夫则主要承担在后场起长传发动反击的职责。

名单解析

门将：

主力门将位置还存在竞争，预选赛阶段的主力门将阿纳托利·特鲁宾在附加赛失去了主力位置，取而代之的是另一位天才门将卢宁，卢宁在联赛下半程获得了在俱乐部的主力位置，并通过俱乐部平台的加成成为乌克兰队在附加赛中的主力门将，这样的安排也很可能延续到欧洲杯正赛。2020欧洲杯的主力门将格奥尔基·布先则大概率会是第三门将的人选。

备选：德米特罗·里兹尼克

后卫：

中后卫组合沿用了2020欧洲杯的配置，马特维延科是主力左中卫，他作为左脚球员在这一侧具备不错的推进和出球能力。身高一般的马特维延科速度较快，会主要承担后防线上的回追补防任务，并且在需要加强防守时还可以胜任左边后卫。主力右中卫是身材高大的扎巴尼，他有着更为出色的正面拦截和防空能力，但是相对来讲他的转身和回追速度都比较慢。主要的替补中卫是亚历山大·斯瓦托克，他在预选赛中也获得了相当多的出场机会。另一个替补还存在竞争，在2024年被首次征召的马克西姆·塔洛维洛夫相对来说是最有可能的选择。

主力左后卫的人选非常固定，米科连科如果没有伤病是基本不会被轮换的，相对来讲他的优势还是在防守端，他在进攻中的参与度不高。正牌的左后卫替补是博格丹·米哈伊利琴科，但由于津琴科和马特维延科也都可以胜任左后卫，因此米哈伊利琴科也存在落选的可能性。

主力右后卫是科诺普利亚，他的进攻属性要更为突出一些，在右路的助攻幅度也明显要多于左边的米科连科。替补的选择还存在比较大的竞争，2020欧洲杯的主力亚历山大·卡拉瓦耶夫并不受主帅的信任，他需要与俱乐部队友亚历山大·季姆奇克来争夺一个替补位置。

备选：瓦莱里·邦达尔、谢尔盖·克里夫佐夫

后腰：

后腰组合中津琴科肯定会锁定一个主力位置，他是乌克兰队在中场最主要的拿球人，无论是自己的持球推进还是长传转移送威胁球，津琴科对于乌克兰队进攻都有决定性的作用。不过在防守端，津琴科有时也会出现硬度不足，容易丢失自己防守位置的问题。后腰中偏防守型的主力是斯捷潘年科，他在中场会拖得比较靠后，他的正面拦截和抢断能力依旧出色，但随着年龄增长，斯捷潘年科的移动补防能力已经出现了下滑。轮换方面，津琴科的替补大概率还是会选择米科拉·沙帕连科，但他本赛季频繁的伤病还是会对状态造成一定影响，所以经验更为丰富的谢尔盖·希多尔丘克也同样能竞争这个位置。斯捷潘年科的轮换则应该会选择2024年首次入选乌克兰队的小将弗拉基米尔·布拉日科。

备选：维塔利·布亚利斯基、丹尼洛·伊格纳坚科、耶霍尔·纳扎里纳、亚历山大·皮哈廖诺克

前卫：

主力前腰是近两年进步飞快的苏达科夫，他在中场具备非常出色的创造力和传威胁球的能力，但在拿球的对抗以及得分的威胁性上还有提升的空间。替补的选择是2020欧洲杯的主力鲁斯兰·马利诺夫斯基，他原先最突出的推进和远射能力在近两年都出现了明显下滑，而组织进攻方面本就不是他擅长的，所以在齐甘科夫也可以打前腰的情况下，马利诺夫斯基已经彻底沦为轮换。

左边路的主力人选是穆德雷克，他的爆点作用是队内最突出的，但是有时过于注重自我的拿球和糟糕的射门选择也会影响球队进攻的整体性。穆德雷克没有常规的轮换，因为齐甘科夫也是可以打左路的，当然他现在通常被当作右路的首发。齐甘科夫能力全面，兼具突破和组织能力，与队友的配合也要更好。

右边路的悬念相对是比较多的，因为还要考虑到队长亚尔莫连科的伤病情况，如果他完全恢复，那可能还是会像在预选赛前期那样由他作为右边路主力，齐甘科夫打左路，穆德雷克则作为替补变招。主要轮换是具备不错冲击力的亚历山大·祖布科夫。

前锋：

主力中锋会选择本赛季在联赛状态出色的多夫贝克，他在门前的得分效率近期得到了显著提升，而且多夫比克具备出色的对抗和争顶能力，有重要的战术作用。2020欧洲杯的主力中锋罗曼·亚列姆丘克现在已经成为轮换的首要选择。

备选：弗拉迪斯拉夫·瓦纳特、达尼洛·西坎

近年战绩

2022—2023赛季欧国联：B级别小组赛第二

乌克兰队在第三届欧国联B级别比赛中与苏格兰队、爱尔兰队和亚美尼亚队同处一个小组。乌克兰队的开局不错，前3战取得了2胜1平的成绩，但第4战0：3不敌苏格兰队让乌克兰队基本失去了争夺小组第一的机会。随着最后一轮0：0战平苏格兰队，乌克兰队以3胜2平1负的战绩位列小组第二。

F 组

“五盾军团”人心齐，“星月战队”路艰难

土耳其

格鲁吉亚

葡萄牙

捷克

全景瞭望

详细赛程

第1轮

开球时间	交战双方	比赛场地	观赛指数	进球展望
6月19日 00:00	土耳其队 VS 格鲁吉亚队	伊杜纳信号公园 球场	★★	≤2
6月19日 03:00	葡萄牙队 VS 捷克队	红牛竞技场	★★★★★	≥3

第2轮

开球时间	交战双方	比赛场地	观赛指数	进球展望
6月22日 21:00	格鲁吉亚队 VS 捷克队	北方银行竞技球场	★★	≥2
6月23日 00:00	土耳其队 VS 葡萄牙队	伊杜纳信号公园 球场	★★★★★	≤3

第3轮

开球时间	交战双方	比赛场地	观赛指数	进球展望
6月27日 03:00	格鲁吉亚队 VS 葡萄牙队	费尔廷斯竞技场	★★★★★	≥3
6月27日 03:00	捷克队 VS 土耳其队	北方银行竞技球场	★★★	≤3

红牌概率	点球概率	冷门指数	比分预测	球迷预测
10%	55%	★	2 : 0；1 : 0	□:□；□:□
40%	78%	★	3 : 0；3 : 1	□:□；□:□

红牌概率	点球概率	冷门指数	比分预测	球迷预测
15%	35%	★★★★	1 : 1；1 : 2	□:□；□:□
40%	75%	★	0 : 3；1 : 2	□:□；□:□

红牌概率	点球概率	冷门指数	比分预测	球迷预测
5%	90%	★	0 : 4；1 : 5	□:□；□:□
63%	25%	★★★	1 : 1；1 : 2	□:□；□:□

焦点短评

格鲁吉亚队VS葡萄牙队

格鲁吉亚队是本届欧洲杯唯一真正意义上的新军，在赫维恰·克瓦拉茨赫利亚的带领下，这支球队将珍惜每一个在欧洲杯舞台上的瞬间。这场与葡萄牙队的比赛将是格鲁吉亚队的最后一场小组赛，是如大多数人预想的一样打道回府，还是创造奇迹书写格鲁吉亚足球的新历史，这场比赛之后就将见分晓。

对于第六次参加欧洲杯的C罗多来说，本届欧洲杯的每一场比赛和打入的每一球都是在创造欧洲杯的新历史。

捷克队VS土耳其队

一组宿命般的对决，本届欧洲杯已经是捷克队和土耳其队在欧洲杯小组赛第三次相遇了。2008年土耳其队那场荡气回肠的逆转，至今仍然被很多球迷认为是欧洲杯历史上的经典比赛而津津乐道。2016年两队再次相遇时，笑到最后的依然是土耳其队，对于彼得·切赫那一代的捷克队球员来讲，土耳其队仿佛梦魇一般。现如今两队再度在小组赛中相遇，不知命运的安排又会给哈坎·恰尔汗奥卢和托马什·绍切克这些球员留下怎样的回忆呢？

本组之星

克里斯蒂亚诺·罗纳尔多

出生日期：1985年2月5日

39岁的C罗将迎来他的最后一届欧洲杯，虽然C罗已经远离欧洲联赛前往沙特阿拉伯联赛踢球，但在欧洲杯预选赛上，C罗通过9场比赛打进10球的表现，证明自己依旧是当仁不让的葡萄牙队主力中锋。历史上第一位连续参加6届欧洲杯的球员，历史上第一位连续6届欧洲杯都有进球的球员，继续刷新自己14球的欧洲杯历史进球纪录，这一切都在等待着C罗去完成。在C罗心中，他最向往的应该还是时隔8年再度捧起那沉甸甸的冠军奖杯。

作者视角

在本小组当中，葡萄牙队的实力可以说是一枝独秀，从欧洲杯预选赛的抽签，再到欧洲杯正赛的抽签，葡萄牙队的签运一直都非常好。在本小组中只要葡萄牙队正常发挥，就能拿出预选赛10战全胜那样的表现，以同小组三个对手的实力来说，很难对葡萄牙队造成什么威胁。对于葡萄牙队来讲，冠军才是这支球队最终的目标，作为C罗的最后一届欧洲杯，全队都希望能够复制8年前的表现。

土耳其队是剩下三支球队中情况相对要好一些的球队，在预选赛后半段文森佐·蒙特拉成为主帅后还是给球队实力带来了一定的提升，相比于前任主帅斯特凡·昆茨带队时期，蒙特拉带领下的土耳其队在进攻端要更为犀利，凯南·耶尔德兹等小将也获得了在球队展示自己并踏上欧洲杯舞台的机会。相比于2024年才完成换帅的捷克队，土耳其队磨合得更好；相比于首次晋级欧洲杯的格鲁吉亚队，土耳其队则有着更突出的纸面实力。总体来看，土耳其队还是有很大的可能从小组赛当中突围。

捷克队目前的情况还比较扑朔迷离，主要还是因为前任主帅在带队打完预选赛之后宣布辞职，这让捷克队又要重新磨合。新帅伊万·哈谢克在上任后从选人到战术打法都做了很多调整，但是留给他与球队磨合的时间确实过于短暂，要让队员通过短短几场比赛就完全理解主教练的所有战术意图还是有相当大的难度。

对于通过附加赛晋级的格鲁吉亚队来讲，这支球队的纸面实力相比另外三支球队有一定的差距，想要出线并不容易。但相比于土耳其队和捷克队这两支换帅的球队，格鲁吉亚队的阵容稳定度和磨合程度要更好一些，这也有助于格鲁吉亚队去争夺一个晋级名额。

赫维恰·克瓦拉茨赫利亚

出生日期：2001年2月12日

对于格鲁吉亚足球来讲，2024年3月26日将是一个被永远铭记的日子，在克瓦拉茨赫利亚的带领下，格鲁吉亚队首次打进了欧洲杯正赛。克瓦拉茨赫利亚作为全队的领军人物，所有格鲁吉亚球迷都把希望寄托在了这位2022—2023赛季意甲的最佳球员身上。在23岁的年纪第一次踏上大赛的舞台，克瓦拉茨赫利亚已经比太多人都要幸运。能打进欧洲杯正赛，克瓦拉茨赫利亚已经带领格鲁吉亚队创造了历史，而他在6月份要做的，就是让格鲁吉亚足球被更多人所熟知。

Turkey
土耳其队

全称：土耳其国家男子足球队
绰号：星月军团
荣誉：2002年世界杯季军
　　　2008年欧洲杯四强
队史最佳阵容：3-5-2
门将：鲁斯图·雷茨贝尔
后卫：阿尔帕伊·奥萨兰、于米特·达瓦拉、埃姆雷·阿西克
中场：埃姆雷·贝罗佐格鲁、哈坎·恰尔汗奥卢、伊尔迪拉伊·巴斯图尔克、阿尔达·图兰、哈米特·阿尔滕托普
前锋：尼哈特·卡赫韦吉、哈坎·苏克

球队身价：3.03亿欧元
世界排名：35
出线概率：73.2%
夺冠概率：1.8%
现任教练：文森佐·蒙特拉
现任队长：哈坎·恰尔汗奥卢
球队核心：哈坎·恰尔汗奥卢
第一射手：埃内什·于纳尔
聚焦新星：阿尔达·居莱尔

出线之路

土耳其队在欧洲杯预选赛的抽签分档中被列为四档球队，不过土耳其队的签运不错，最终与克罗地亚队、威尔士队、亚美尼亚队和拉脱维亚队同组。

土耳其队在预选赛首战中击败亚美尼亚队，虽然此后球队的战绩尚可，但土耳其足协还是在2023年9月选择了换帅，斯特凡·昆茨被解雇，蒙特拉走马上任。新帅给土耳其队带来的改变立竿见影，最终土耳其队以5胜2平1负的战绩获得小组第一。

征战历史

首次参赛年份：1996年
晋级欧洲杯次数：6次（1996、2004、2008、2016、2021、2024年）
最好成绩：四强（2008年）

预计首发

战术打法

土耳其队目前主打的是“4231”阵形，相比于昆茨执教时主打让恰尔汗奥卢居中拖后的“433”阵形，目前蒙特拉的“4231”阵形在中场的攻守平衡要更好。当然在进攻时，恰尔汗奥卢也可以持球推进来到比较靠前的位置，形成近似于“4141”的站位。

在防守的时候，土耳其队禁区前沿的位置能够有两名后腰来保护，恰尔汗奥卢的身边会安排一名防守能力更强的后腰，来尽可能地解放恰尔汗奥卢，让他可以把更多的精力放在进攻端。在常规首发中，前腰位置使用柯克曲，作为一名全能中场，他能起到一定的平衡攻守的作用，如果想要进一步加强进攻，前腰还可以选择阿尔达·居莱尔等更偏进攻的球员。

土耳其队的两名边前卫球员在进攻中都采用逆足踢法，站位比较靠近肋部，然后把边路走廊留给边后卫插上。土耳其队的进攻强侧通常都会是卡德奥卢所在的那一侧，他具备非常突出的助攻能力，且两个边路都可以胜任。因此蒙特拉有很大的阵容调整空间，可以针对对方边路防守的弱侧来进行首发安排——将卡德奥卢安排到这一侧踢边后卫，然后另一侧使用偏防守型的边后卫球员，以此达到打击对手的目的。

名单解析

门将：

主力门将大概率是恰基尔，虽然他在前任主帅昆茨治下沦为替补，但在蒙特拉上任后，恰基尔重新得到了重用。换帅同样给了阿尔泰 · 巴延德尔提升顺位的机会，他是目前更有可能的第二门将。不过由于巴延德尔在俱乐部踢不上球，因此老将梅尔特 · 居诺克也还有争夺第二门将的机会，居诺克在预选赛发挥稳健，尤其是门线反应非常突出。

备选：埃尔塔茨 · 厄兹比尔、穆罕默德 · 申盖泽尔、奥坎 · 科朱克

后卫：

主力左中卫是巴尔达克奇，他作为左脚中卫有着不错的推进和出球，在预选赛还完成过头球破门。主力右中卫是德米拉尔，他身体素质出色，对抗和防空的能力都很突出，但位置感一般，容易被对手打身后空当。轮换的左中卫是恰拉尔 · 瑟因居，由于他在俱乐部缺乏登场时间，因此在土耳其队也失去了稳定的主力位置。瑟因居在防守中的争顶和拦截意识都不错，在进攻中还有一定的长传能力。替补右中卫应该会选择卡恩 · 艾汉，他也可以胜任后腰，可以在必要时登场加强中场防守。另一名替补右中卫奥赞 · 卡巴克的顺位就相对靠后，不过还可以打右边后卫的属性还是让他保留了进入名单的希望。此外的右中卫替补还有萨梅特 · 阿卡伊登，蒙特拉上任后给了他很多机会。

主力左边后卫是厄兹卡恰尔，中卫出身的他被蒙特拉安排打左边后卫。他在进攻端有不错的左脚传中能力，同时在防守端也有很好的对抗能力。由于卡德奥卢和梅尔特 · 米尔迪尔两名右后卫都能胜任左后卫，因此蒙特拉很可能不会征召正牌的左后卫轮换球员。

主力右边后卫是费尔迪 · 卡德奥卢，他是一名进攻属性非常强的边后卫，具备出色的拿球盘带和边路突破能力，也能打左后卫，内切打门和传中能力都很强。不过卡德奥卢在防守端的硬度和意识都比较一般，容易成为对方针对的弱点。因此如果蒙特拉考虑防守能力强的替补右后卫，攻守平衡且经验更丰富的泽基 · 切利克应该就会获得机会。

备选：里德万 · 耶尔马兹、埃伦 · 埃尔马里、默特 · 穆尔多、奥努尔 · 布卢特

中场：

主力的双后腰组合是恰尔汗奥卢搭档于克塞克，于克塞克是一个纯粹的拖后后腰，他的正面拦截能力尚可，可以减轻恰尔汗奥卢的防守压力，但是脚下技术一般，补防速度慢。恰尔汗奥卢的位置非常灵活，可以回撤到很深的位置来帮助中后卫接球，然后持球推进或者长传调度，也可以来到很靠近对方禁区的位置，进行最后的传威胁球或者直接远射。

轮换首先是萨利赫·厄兹詹，他的特点是出色的长传调度，但在防守上无论是硬度和速度都一般，直接与恰尔汗奥卢搭档的话防守隐患较大。

备选：埃姆雷·阿克巴巴、伯坎·库特卢

前卫：

主力前腰是柯克曲，因为球权主要在恰尔汗奥卢脚下，因此柯克曲的主要作用是无球跑动穿插，他会有很大的活动范围，也有一定的后插上射门能力，而且在防守端柯克曲也会有更多的贴身上抢。替补的选择，首先是天才新星居莱尔，他有着非常出色的进攻创造力和远射能力。在禁区弧顶或者右侧肋部，一旦对手给居莱尔空间，他会很坚决地用左脚射门。其次是优素福·亚泽哲，他有更出色的对抗和得分能力，也可以胜任中锋。

主力左边前卫是阿克蒂尔克奥卢，他左右脚很均衡，在前场的进攻手段多样。右边的主力是云代尔，他最为突出的特点就是内切左脚射门，爆点作用突出。替补首先是伊尔凡·詹·卡赫维奇，他也是位左脚球员，主要打在右路，同时还能担任前腰。另一名轮换则是兼具中锋属性的小将凯南·耶尔德兹，他在左路有着很出色的前插得分能力。

备选：尤努斯·阿克金、詹·乌尊、阿卜杜勒卡迪尔·厄米尔、优素福·萨勒

前锋：

主力中锋的选择应该还是于纳尔，他支点作用和争一点的能力突出，但在2023年的伤病让他的状态有一些起伏。替补的选择，首先是巴勒什·耶尔马兹，边锋出道的他打在中锋位置时喜欢去插对手身后，尤其是在反击中有不错的冲击力，同时他也可以轮换左右边锋，甚至还能客串右边后卫。其次，高中锋贝尔图·耶尔德勒姆、“可中可边”的老将坚克·托松也有进入名单的可能性。

备选：乌穆特·纳伊尔、哈里·德尔维什奥卢、乌穆特·博佐克

近年战绩

2022—2023赛季欧国联：C级别小组赛第一

由于土耳其队在2020—2021赛季欧国联中发挥糟糕，因此球队在2022—2023赛季欧国联只能参加C级别比赛，土耳其队与卢森堡队、法罗群岛队和立陶宛队分在一个小组。小组赛前四场比赛，土耳其队势如破竹取得四连胜，而且土耳其队在四场比赛中打进14球无失球。最后两场比赛，土耳其队虽然先是战平卢森堡队，后又被法罗群岛队击败，但土耳其队依旧拿到了小组第一，获得了2024—2025赛季欧国联B级别比赛的资格。

Georgia
格鲁吉亚队

全称：格鲁吉亚国家男子足球队
绰号：十字军骑士
队史最佳阵容：4–4–2
门将：安佐尔·卡瓦扎什维利
后卫：列万·科比亚什维利、亚历山大·奇瓦泽、卡哈·卡拉泽、雷瓦兹·佐祖亚什维利
中场：达维德·基皮亚尼、坚吉兹·苏拉克韦利泽、维塔利·达拉谢利亚、格奥尔基·金克拉泽
前锋：绍塔·阿韦拉泽、赫维恰·克瓦拉茨赫利亚

球队身价：1.5亿欧元
世界排名：77
出线概率：41.4%
夺冠概率：0.1%
现任教练：威利·萨尼奥尔
现任队长：古拉姆·卡什亚
球队核心：格奥尔基·恰克维塔泽
第一射手：赫维恰·克瓦拉茨赫利亚
聚焦新星：乔治·马马尔达什维利

出线之路

格鲁吉亚队在欧洲杯预选赛抽签中被列为四档球队，最终与西班牙队、苏格兰队、挪威队和塞浦路斯队同组。

在这个小组中，格鲁吉亚队的发挥并不出色，除了两次战胜塞浦路斯队外，格鲁吉亚队仅在希腊队和苏格兰队身上各取得一场平局，最终以2胜2平4负的战绩位列小组第四。不过凭借在2022—2023赛季欧国联的表现，格鲁吉亚队拥有参加附加赛的机会。在附加赛中，格鲁吉亚队先是击败了卢森堡队，随后凭借点球大战淘汰希腊队，首次晋级欧洲杯决赛圈。

征战历史

首次参赛年份：2024年

晋级欧洲杯次数：1次（2024年）

预计首发

战术打法

格鲁吉亚队在预选赛初期经常在四后卫的“4231”阵形和五后卫的“532”阵形之间进行变换，但是在以四后卫阵形1：7惨败给西班牙队之后，格鲁吉亚队就把阵形基本固定为了“532”，后场通过人员密集的低位防守来形成人数优势，弥补球员个人防守能力上的不足。

作为2024年欧洲杯纸面实力最差的球队之一，格鲁吉亚队的基本战略应该还会是防守反击，两侧边翼卫压上的幅度不会太大，比赛的多数时间都是保证好五后卫的防守体系。在反击的过程当中，恰克维塔泽和克瓦拉茨赫利亚是至关重要的两名球员。

格鲁吉亚队在后场形成抢断之后，球员有两个主要选择，一是就近交给恰克维塔泽，他可以凭借出色的推进能力将球带到对方半场，然后伺机为两名前锋传出威胁球；二是在后场直接通过长传联系站在最前面的克瓦拉茨赫利亚，如果能直接打穿对方的防线让克瓦拉茨赫利亚获得拿球的机会，便会对对方的球门形成极大威胁。这种长传的发起，则通常会交给后置的组织型中场基泰什维利完成，在需要提升对禁区弧顶的保护和拦截硬度时，基泰什维利的站位也会更靠前。

名单解析

门将：

主力门将是马马尔达什维利，作为目前五大联赛天赋异禀的年轻门将之一，他的发挥对于格鲁吉亚队可谓至关重要。马马尔达什维利有着出众的身体条件和扑救能力，但是相对来讲出球的精准度一般且容易失误。第二门将是经验丰富的老将格奥尔基·洛里亚，他此前曾担任格鲁吉亚队的主力门将超过10年。第三门将则是在友谊赛出场过的卢卡·古格沙什维利。

中后卫：

三中卫的组合，主力左中卫存在一定的悬念，更有可能的选择是德瓦利，左中卫和左边后卫他都可以胜任，相对来讲他是三名中卫里转身和回追速度最快的，经常能够为两位中卫队友进行补位。居中的中卫是老将卡什亚，他具备不错的出球和指挥能力，通过长传发起进攻的次数较多。身高一般的卡什亚本来也是以补防见长，但随着年龄增长，他在速度和体能上下滑明显。主力右中卫是克维尔克韦利亚，身材高大的他防空和正面拦截能力都是三名中卫里最出色的，但他转身回追速度较慢的劣势也容易被对手利用。

替补左中卫是卢卡·洛乔什维利，他的特点和德瓦利类似，但他在后防线的处理球相对冒失，容易失误，不过他在进攻端具备更好的出球能力。由于主力右边翼卫卡卡巴泽也可以内收打右中卫，所以剩余的替补中卫基本就是竞争居中的轮换，身材高大的小将萨巴·萨佐诺夫是最可能的人选，老将格奥尔基·格韦列西亚尼也有入选的可能性。

备选：伊瓦·格拉什维利、亚历山大·卡兰达泽

边翼卫：

主力左边翼卫是申格利亚，作为边锋出身的球员，他在左路的压上幅度会比卡卡巴泽在右路更大，前压之后也能与恰克维塔泽和克瓦拉茨赫利亚形成小范围配合，因此左路也是格鲁吉亚队的进攻强侧。轮换人选是伊拉克里·阿扎罗维，作为边后卫出身的球员，他的防守相对来说要比申格利亚更好一些。

主力右边翼卫是卡卡巴泽，他会将更多精力放在防守端，保护克维尔克韦利亚身后的空当。需要轮换时，卡卡巴泽也可以代打右中卫。替补是更偏进攻一些的格奥尔基·戈乔雷什维利，左右两侧的边翼卫他都可以胜任。

备选：格奥尔基·西泰什维利、弗拉基米尔·马穆恰什维利、萨巴·洛布亚尼泽

中场：

三中场当中，居中拖后的主力人选是基

泰什维利，虽然他在中场的位置会站得比较靠后，但他其实是一个更偏组织型的中场，有不错的视野和长传能力，同时也主要承担抢断拦截、保护禁区弧顶的职责。不过，基泰什维利的防守意识和硬度相对一般，如果主教练更强调防守的话，纯粹的防守型后腰尼卡·奎奎斯基里也有可能首发打居中拖后的中场。此外还有安佐尔·梅克瓦比什维利也可以作为备选。

中场两侧的位置，球队核心恰克维塔泽通常在左侧活动，他具备出色的脚下技术和创造力，是格鲁吉亚队主要的进攻发起者。但由于此前经历过严重伤病，恰克维塔泽的速度和爆发力相比出道时已经下滑很多。另一名主力科乔拉什维利主要在右侧活动，他主要的作用在于无球跑动和穿插，他在防守端的投入程度也要大于恰克维塔泽。

恰克维塔泽的轮换首先是祖里科·达维塔什维利，他既可以踢进攻型中场，也可以作为前锋的轮换，使用方式较为灵活。纯粹的中场轮换还有桑德罗·阿尔图纳什维利可以作为备选。科乔拉什维利的轮换则是2024年重新被征召回格鲁吉亚队的老将贾巴·坎卡瓦，坎卡瓦在中场具备不错的防守硬度，但是奔跑能力已经下滑很多，更大的作用可能在于稳定球队。

备选：卢卡·加尼泽、格奥尔吉·阿布尔贾尼亚、加布里埃尔·西古阿

前锋：

锋线组合中克瓦拉茨赫利亚肯定会占据一个首发位置，不同于在俱乐部基本固定在左路活动，克瓦拉茨赫利亚在国家队活动的范围更大，自主权也更多，左路内切射门依旧是他最为擅长的得分方式。另一名主力存在竞争，米卡塔泽是更有可能的人选，他的脚下技术更好，具备不错的速度和冲击力，更适合快速反击打身后的进攻方式。高中锋布杜·齐夫齐瓦泽则具备更强的支点作用和门前嗅觉，主教练应该会根据不同的对手来决定他和米卡塔泽谁来首发。此外的轮换选择，还有高中锋格奥尔基·克维利塔亚可以作为加强进攻的变招。

备选：达维特·沃尔科维

近年战绩

2022—2023赛季欧国联：C级别小组赛第一

格鲁吉亚队在第三届欧国联C级别比赛中与保加利亚队、北马其顿队和直布罗陀队同处一个小组。在本小组中，格鲁吉亚队展现了高人一等的实力，6轮比赛未尝败绩，仅在主场对阵保加利亚队的时候以平局收场。格鲁吉亚队以5胜1平的战绩拿到小组头名，顺利升入到2024—2025赛季欧国联B级别比赛。

Portugal
葡萄牙队

全称：葡萄牙国家男子足球队
绰号：五盾军团
荣誉：2016年欧洲杯冠军
队史最佳阵容：4-4-2
门将：维托尔·拜亚
后卫：亨里克·伊拉里奥、佩佩、费尔南多·科托、若昂·平托
中场：保罗·富特雷、鲁伊·科斯塔、马里奥·科鲁纳、路易斯·菲戈
前锋：克里斯蒂亚诺·罗纳尔多、尤西比奥

球队身价：10.6亿欧元
世界排名：7
出线概率：92.6%
夺冠概率：10.0%
现任教练：罗伯托·马丁内斯
现任队长：克里斯蒂亚诺·罗纳尔多
球队核心：布鲁诺·费尔南德斯
第一射手：克里斯蒂亚诺·罗纳尔多
聚焦新星：贡萨洛·伊纳西奥

出线之路

葡萄牙队在欧洲杯预选赛抽签中被列为一档球队，最终与波黑队、冰岛队、卢森堡队、斯洛伐克队和列支敦士登队同组。

葡萄牙队的整体实力在这个小组明显比其他球队高出不止一个档次，首轮就以4：0大胜列支敦士登队，次轮又以6：0大胜卢森堡队，这两次胜利奠定了其在这个小组绝对的统治地位。最终葡萄牙队10战全胜，仅在第七轮3：2击败斯洛伐克队时有两个失球，是预选赛中唯一的全胜球队。

征战历史

首次参赛年份：1984年

晋级欧洲杯次数：9次（1984、1996、2000、2004、2008、2012、2016、2021、2024年）

最好成绩：冠军（2016年）

预计首发

战术打法

葡萄牙队在预选赛的战术非常多变，前期采用主帅马丁内斯此前在比利时队执教时主打的“3421”阵形，两侧边翼卫均使用顺足的球员在边路大幅压上。但在预选赛后期，由于两名左脚左后卫均受伤病困扰，也为了更好地发挥莱昂在左边路的作用，马丁内斯逐渐将常规战术和阵形定为防守时采用“4231”站位，进攻时采用“3241”站位。

在防守端，球队整体的阵形站位还相对规整，前腰位置的球员需要更多地回到中场来帮助防守，阵形有时也类似“433”。因为B费相对还是防守中的弱点，他的防区容易被对手通过，使对手在弧顶位置制造威胁。

而在由守转攻的过程当中，首先是左后卫坎塞洛向右前方前提，与B费组成“3241”阵形的双后腰。其次帕利尼亚从后腰位置回撤到两名中卫之间，形成三中卫的站位。其次，莱昂作为左边锋，达洛特前提成为右边锋。最后，B席向左侧内收，与菲利克斯形成双前腰，C罗则还是突前的中锋。这样就完成了从防守“4231”阵形到进攻“3241”阵形的切换。

门将：

主力门将依旧是沿用2022年世界杯的首发迪奥戈·科斯塔，他的门线扑救能力在这两年依旧在持续进步，与队内另外两名门将相比已经没有什么明显差距。在出球能力上，科斯塔依旧具备当今足坛的顶级水准，长传、短传都非常精准，非常符合主帅马丁内斯的控制踢法。在经历了2022年世界杯的洗礼之后，科斯塔的大赛经验和抗压能力也得到了提升和锻炼。第二门将依旧是老将鲁伊·帕特里西奥，从2008年欧洲杯就开始参加大赛的他具备极为丰富的经验，但是随着年龄的增长，帕特里西奥的门线扑救能力下滑明显，出球能力相对科斯塔也要弱一些，所以帕特里西奥在2022世界杯前就已经沦为替补。第三门将还是若泽·萨，他在预选赛完成了国家队首秀，若泽·萨有着非常出色的门线扑救能力和扑点球能力，但出球能力是三名门将中最差的，传球准度不足的同时还惧怕逼抢，容易在后场出现失误。

后卫：

中后卫当中，迪亚斯的主力位置是非常确定的，他有着出色的硬度和上抢能力，他的防空能力和机动性在当今足坛的中后卫中也都是顶级水准。迪亚斯很全能，左右中卫他都可以踢，主要看与谁搭档，但相对来说，惯用右脚的迪亚斯还是踢右中卫会更顺一些。但如果还是像2022年世界杯一样与老将佩佩搭档，那迪亚斯还是会出现在左中卫的位置。虽然佩佩因为年龄增长和伤病增多，在预选赛的参与度非常有限，但从在俱乐部的状态来说，佩佩依旧具备打首发的能力，丰富的经验和出色的争顶对抗能力依旧能让他在防线起到很大作用。两名替补中卫都是年轻小将，左脚中卫伊纳西奥有很出色的出球能力，在左侧无论长传、短传都非常精准，也可以胜任左边后卫。伊纳西奥在预选赛的头球得分能力也令人眼前一亮，曾经完成过单场梅开二度。参加过2022年世界杯的安东尼奥·席尔瓦作为右脚球员主打右中卫，他的特点和伊纳西奥相似，出球和带球推进能力相当突出，在进攻端的作用很大。不过在防守端，安东尼奥·席尔瓦的硬度和对抗能力较差，对身后的保护意识也不足。此外，马丁内斯在预选赛中让三名拖后后腰都尝试打过中卫，帕利尼亚和达尼洛·佩雷拉本就兼具中卫属性，甚至连鲁本·内维斯的中卫属性在预选赛中都被开发了出来。这三人中踢中卫最多的还是达尼洛·佩雷拉，如果采用“3421”阵形，佩雷拉也可以直接打中后卫。此外的中卫，在预选赛上演国家队首秀的托蒂·戈麦斯很适应三中卫的左中卫位置，也能打左边后卫的他对抗强、速度快。但他有时上抢冒失容易失位，出球能力也一般。而身材高大的迪奥戈·莱特在预选赛完全没有获得登场机会，基本只能当作备选了。

边后卫当中，坎塞洛肯定会锁定一个主力位置，由于他很适应在进攻中打在后腰位置，因此在现有体系下，坎塞洛是首发左后卫，在进攻中变“3241”阵形时来到后腰位置与B费搭档。如果打预选赛前期的“3421”阵形，坎塞洛则会是首发右边翼卫，发挥他在右路的推进和传中能力。但无论是打左后卫还是右边翼卫，坎塞洛在防守端的硬度和保护意识都比较一般。达洛特与坎塞洛类型相似，可以打左后卫然后在进攻中前提当后腰，但是他的推进和传球能力相比坎塞洛都要差一些，因此在现有体系中达洛特还是作为首发右后卫，在进攻中的右边路前提形成“3241”阵形的右边锋。替补的两名边后卫都是惯用左脚的左后卫，如果使用在预选赛前期的“3421”阵形，会从他们中选择左边翼卫首发。拉斐尔·格雷罗技术出色、传中精准，但是速度慢、防守对抗能力一般。努诺·门德斯则是身体素质出众，在边路速度快，拿球突破的冲击力强，但是脚下技术不如格雷罗，在传球和与队友配合上也要弱一些。此外，马丁内斯还在预选赛征召过两名右后卫，内尔松·塞梅多在进攻端的冲击力不错，但是在防守端的漏洞较多，且不能在进攻中打后腰，小将若昂·马里奥的情况与塞梅多类似，基本都只能作为备选了。

中场：

双后腰中偏防守的主力人选是帕利尼亚，他的身材高大、对抗出色，在中场具有很强的拦截抢断能力。由于身旁的B费在防守端的能力不够，因此帕利尼亚在防守中有时也会有顾此失彼的情况。在进攻时，帕利尼亚的串联组织能力一般，因此他通常会退到两名中卫之间形成三中卫的站位，帕利尼亚只需要做一些简单的安全球梳理，而进攻的任务，则会交给前提的坎塞洛来完成。帕利尼亚的轮换首先是和他类型相近的达尼洛·佩雷拉，两人都是守强于攻，也都可以回撤到中卫的位置，因此对马丁内斯的攻防转换体系还是非常适应的。这两人主要的差别在于，如果葡萄牙队还是像在预选赛前期那样使用 “3421”阵形，那么达尼洛·佩雷拉会主打中后卫，而帕利尼亚还是会作为后腰。其次的轮换是偏进攻的鲁本·内维斯，他的防守能力不如前面两人，也不是特别适应踢中后卫。但是在进攻端，内维斯具备出色的长传和远射能力，因此他可以作为加强进攻时的备选，来增强后场发起进攻的能力。

双后腰中偏进攻的主力是B费，马丁内斯上任后给了他在葡萄牙队绝对的中场核心地位，他在预选赛10场比赛中打进6球、送出8次助攻。B费在进攻中的位置非常灵活，作用也非常全面，既可以为队友传出威肋球，也可以在打不开局面时靠着个人能力完成破门。在防守端，B费的抢断拦截能力一般，容易上抢失败导致防守位置丢失，所以在预选赛马丁内斯有时也会让B费出现在前腰或者边锋位置上，让他把更多的精力放在进攻端。轮换首先是奥塔维奥，他和B费相同，除了后腰之外也可以胜任前腰和边锋。在奔跑覆盖和防守积极性上，奥塔维奥相对要做得更好，但他在进攻端的作用还是明显小于B费。此外的人选还有维蒂尼亚·费雷拉，他在中场有不错的拿球盘带能力，所以也可以踢前腰，但基本不会出现在边锋的位置上。另外还有小将若昂·内维斯，他在中场有着不错的串联梳理能力，有可能撼动维蒂尼亚的位置。而像近两年在俱乐部发挥一般的马特乌斯·努内斯，包括伤病不断的雷纳托·桑谢斯，相对来说并不受马丁内斯信任，基本只能作为备选了。

前腰位置存在很大的竞争，主力更有可能选择的是菲利克斯。在进攻的“3241”阵形中，菲利克斯会站在左肋部的位置，他有着出色的拿球能力，擅长串联组织为队友创造机会，如果直接使用没有攻防转换的“3421”阵形，他大概率还会是首发左前腰。虽然菲利克斯也能打左边锋，但由于速度较慢，相对来说他在边路的威胁没有那么大。轮换的选择是迪奥戈·若塔，作为多面手，若塔左右边锋还有中锋都能打，具备不错的冲击力和得分能力，门前包抄的嗅觉非常灵敏。此外的备选还有在2024年首次入选葡萄牙队的小将弗朗西斯科·孔塞桑。

前锋：

主力左边锋是球队最重要的爆点莱昂。采用攻防阵形转换的战术、左后卫坎塞洛内收去打后腰，马丁内斯的这些改变很大的意图是更好地发挥莱昂在左边路的能力，把整个左边路交给莱昂来，让他去完成突破。如果像在预选赛前期，直接使用没有攻防转换的“3421”阵形，左边翼卫使用惯用左脚的边后卫，那么莱昂大概率还得回到替补席。因为如果让他出任左前腰，他在边路会与前插的边翼卫重叠，而且莱昂在肋部也没有那么出色的串联梳理和传威胁球的能力。主力右边锋是B席，当球队变为进攻的“3241”阵形时，他会内收站在右前腰的位置，然后把右边路留给前插的右后卫。B席有着出色的脚下技术和盘带能力，同时也善于与队友完成配合，他与B费的小范围传切经常能够撕开对手的防守。

边锋的主要轮换是佩德罗·洛姆巴·内托，他左右两边都能打，有着出色的突破能力，在边路还经常能够靠着精准的传球助攻队友。与他特点类似的是里卡多·奥尔塔，奥尔塔同样是两边都能胜任，但这两人本赛季都受到了频繁的伤病困扰，欧洲杯前的状态起伏不定，因此也都存在落选可能。像与莱昂类似、在左路爆点能力突出的布鲁马，以及比较全能、中锋和边锋都能胜任的若塔·席尔瓦都具备进入名单的能力，内收在肋部也可以制造很多威胁。

主力中锋还是C罗，他的得分能力依然非常突出，马丁内斯上任后减轻了一些C罗身上的组织职责，让他可以专注于门前抢点破门。轮换选择是贡萨洛·拉莫斯，他本赛季在俱乐部的整体表现比较一般，所以还是很难撼动C罗的主力位置，但在需要加强进攻时，马丁内斯也可能会派两人同时登场。此外的备选还包括在2024年首次入选葡萄牙队的达尼·莫塔。

近年战绩

2022—2023赛季欧国联：A级别小组赛第二

葡萄牙队在第三届欧国联A级别比赛中与西班牙队、瑞士队和捷克队同处一个小组。首场比赛中葡萄牙队1：1战平西班牙队，此后面对瑞士队和捷克队又取得了两连胜。但第四轮不敌瑞士队让葡萄牙队的出线形势急转直下，在最后一轮不敌西班牙队后，葡萄牙队以3胜1平2负的战绩获得小组第二无缘淘汰赛。

2022年世界杯：八强

葡萄牙队在2022年世界杯与乌拉圭队、加纳队和韩国队分在一个小组。小组赛前两轮，葡萄牙队分别击败加纳队和乌拉圭队，虽然第三轮不敌韩国队，但葡萄牙队还是取得小组第一顺利出线。1/8决赛，葡萄牙队兵不血刃6：1大胜瑞士队。但是在1/4决赛，葡萄牙队遭遇了黑马摩洛哥队的当头棒喝，以0：1告负止步八强。

Czechia

捷克队

全称：捷克国家男子足球队
绰号：东欧铁骑
队史最佳阵容：4-3-3
门将：彼得·切赫
后卫：马雷克·扬库洛夫斯基、米罗斯拉夫·卡德莱克、拉迪斯拉夫·诺瓦克、托马斯·雷普卡
中场：托马斯·罗西基、安东宁·帕年卡、约瑟夫·马索普斯特
前锋：帕维尔·内德维德、扬·科勒、卡雷尔·波博斯基

球队身价：1.46亿欧元
世界排名：40
出线概率：53.8%
夺冠概率：0.7%
现任教练：伊万·哈谢克
现任队长：托马什·绍切克
球队核心：托马什·绍切克
第一射手：帕特里克·希克
聚焦新星：亚当·赫洛热克

出线之路

捷克队在欧洲杯预选赛抽签中被列为二档球队，最终与波兰队、阿尔巴尼亚队、摩尔多瓦队、法罗群岛队同组。

捷克队在预选赛的开局阶段表现一般，虽然首战力克同小组的一档球队波兰队，但此后被摩尔多瓦队逼平，两次面对阿尔巴尼亚队也是1平1负，出线形势岌岌可危。好在最后两轮，捷克队顶住压力战平波兰队并击败摩尔多瓦队，最终以4胜3平1负的战绩位列小组第二获得出线权。

征战历史

首次参赛年份：1960年

晋级欧洲杯次数：8次（1996、2000、2004、2008、2012、2016、2021、2024年）

最好成绩：亚军（1996年）

预计首发

战术打法

捷克队在2023年的欧洲杯预选赛结束后进行了换帅，原主帅雅罗斯拉夫·希尔哈维选择辞职，新主帅伊万·哈谢克在2024年才接手球队。因此到目前为止，哈谢克只带队在2024年3月踢了两场友谊赛，对捷克队战术打法的分析也主要是以3月的两场比赛为基础。

哈谢克带队的两场比赛，分别使用了“4231”阵形和“3421”阵形，这两个阵形捷克队在预选赛中也都使用过，当时的主帅希尔哈维还是使用“3421”阵形较多。其实从“4321”到“3421”的变化很简单，主要就是看克雷伊奇是踢左中卫，还是打后腰。捷克队中有较多的像他这样位置适应性比较强的球员。像赫洛热克，他具备打前腰、边锋和中锋等多个位置的能力，因此在不同的比赛中，主帅可以通过调整他的站位来起到改变战局的作用。普罗沃德更是兼具前腰、后腰和左边翼卫的属性，可以配合主教练不同的战术要求。

捷克队的进攻效率在预选赛里并不高，萨迪莱克和绍切克在中场都缺乏组织能力和创造力，进攻通常以相对简单的方式完成，定位球和头球的得分占比都比较高。因此在面对同小组像葡萄牙队这样的强队时，捷克队应该还是会采用三中卫五后卫体系，撤回本方30米区域低位防守，在进攻中去抓一些反击和定位球的得分机会。

门将：

主力门将是斯塔涅克，在竞争对手接连在俱乐部失去主力位置后，斯塔涅克成功从竞争中脱颖而出。第二门将大概率会选择马捷伊·科瓦日，虽然他在俱乐部并非主力，但其出众的天赋和在比赛中的发挥应该还是能为他赢得一个替补席位。第三门将则大概率会选择哈谢克上任后首次入选捷克队的维捷斯拉夫·亚罗什。

备选：伊日·帕夫伦卡、阿莱什·曼杜斯、托马什·库贝克、托马斯·瓦茨利克

后卫：

三中卫方面，克雷伊奇是主力左中卫，争顶是他最为突出的能力，他的防空能力也很出色，进攻时无论是运动战后插上还是定位球，他经常能够通过争顶高空球来对对手的球门形成威胁，变阵为"4231"时他可以担任防守型后腰。居中的主力中卫，在雅库布·布拉贝茨被开除出队后应该会使用齐马，齐马的身材高大，能力均衡，具备不错的正面拦截能力，他的灵活性也不差，他甚至也可以胜任边翼卫。主力右中卫是在2020欧洲杯打后腰的霍莱什，他有着非常出色的机动性，补位快速且及时，而且霍莱什也是三中卫当中主要的出球人。两名主要替补都是2024年哈谢克上任后征召的球员，罗宾·赫拉纳奇主要轮换居中的位置，托马斯·弗尔切克则作为两侧中卫的替补。

主力左边翼卫是尤拉塞克，他相对来说攻守比较均衡。在球队需要加强进攻时前腰普罗沃德也可以胜任左边翼卫，还有主打右边翼卫的道杰拉也可以打左边。因此像雅罗斯拉夫·泽勒尼这样的正牌左边翼卫轮换球员存在落选的可能，身材高大的他速度较慢，在球队变阵为"4231"时才会使用他。

在右边翼卫的选择上，由于弗拉迪米尔·曹法尔被开除，道杰拉应该会成为主力的人选。在备选上，哈谢克在上任后首次征召了亚当·加布里埃尔，后者将与参加了2020欧洲杯的卢卡什·马索普斯特争夺一个替补位置。

备选：马丁·维季克、帕特里齐奥·斯特罗纳蒂、瓦茨拉夫·耶梅尔卡、雅各布·尤尼斯

中场：

后腰组合的两个人通常会在进攻中形成一前一后的站位，防守时则会基本处于平行状态。在进攻中，萨迪莱克的站位相对会拖后一些，有更多的拿球组织和长距离转移球。而绍切克的位置则会靠前一些，会有更多的无球前插，发挥他在禁区里不错的包抄得分能力。后腰的轮换变数较多，同样是以后插上为主要特点的亚历克斯·克拉尔在哈谢克上任后失去信任，因为主力中卫克雷伊和主力前腰普罗沃德都可以被当作后腰的轮换去使用。

前腰方面，多面手普罗沃德会占据一个首发，他在前场的位置相对比较灵活，球队进攻时他也经常会回撤拿球帮助两名后腰。赫洛热克的位置会更靠近对方禁区，在禁区弧顶的位置他会有多样化的进攻选择，他具备自己突破得分的能力，也可以为队友送出具有创造力的传球。轮换首先是安东宁·巴拉克，他具备不错的技术和得分能力，但速度相对较慢。速度较快的轮换是翁德热·林格尔，他跑位灵活，持球能力强，能够在对方肋部穿插制造很大的威胁。此外，在哈谢克上任后首次入选捷克队的帕维尔·舒尔茨也有机会作为前腰备选进入名单，他在本赛季的联赛中展现了极为突出的后插上得分能力。

备选：彼得·谢夫奇克、亚罗米尔·兹姆哈尔

前锋：

主力前锋还会是在2020欧洲杯中大放异彩的希克，他兼具支点作用和出色的得分能力，但近期频繁的伤病还是对他的状态造成了不小的影响。替补前锋应该会选择在预选赛最后一场大放异彩的托马什·霍里，作为高中锋，他在对抗和争顶上体现出了非常强的改变战局的作用。除此之外，在扬·库赫塔被开除之后，托马斯·奇万恰拉和莫伊米尔·希季尔也有机会入选。偏边锋属性的瓦茨拉夫·切尔尼则因为在俱乐部的主力位置不稳，在捷克队也逐渐失去了机会。

备选：马捷·尤拉塞克、瓦茨拉夫·尤雷奇卡、瓦希尔·库谢伊

近年战绩

2022—2023赛季欧国联：A级别小组赛第四

捷克队在第三届欧国联A级别比赛中与西班牙队、葡萄牙队还有瑞士队同处一个小组。捷克队首战击败了瑞士队，第二战又战平了强大的西班牙队。但此后的四场比赛捷克队没能延续前面两场的状态，遭遇四连败。最终捷克队以1胜1平4负的战绩结束了2022—2023赛季的欧国联征程，位列小组第四惨遭降级。

欧洲杯历史50大球星

在欧洲杯64年的历史当中，无数的球星在这项赛事上留下过自己的身影，他们有的铸就辉煌谱写璀璨华章，有的悲情神伤却也令人难忘。借此撰写《你好，欧洲杯》的机会，特意盘点欧洲杯历史50大球星，来细数他们在欧洲杯上留存的记忆。

欧洲杯50大球星虽有排名，但这也仅是我心中的排名。64年的欧洲杯历史，每一位目睹过欧洲杯盛况的球迷朋友，在心中想必也都有着自己的那一份榜单。标准不同，但心意相通，那是欧洲足球带给每个人的绿茵激荡。

细数欧洲杯的50大球星，那一个个名字将带我们去重新感受此前16届欧洲杯的点点滴滴。其中有些名字家喻户晓，但他们在欧洲杯赛场可能也有不为人知的记号，有些名字可能略显陌生，但他们在欧洲杯上也曾立下不世之功。

伴随着50大球星去翻阅这64年，欧洲杯的历史即将呈现在您的眼前。

UEFA EURO 2016
UEFA EURO 2016™
NO TO RACISM

01

Cristiano Ronaldo

克里斯蒂亚诺·罗纳尔多

出生日期： 1985年2月5日

国籍： 葡萄牙

位置： 前锋

效力俱乐部： 葡萄牙体育、曼联、皇马、尤文、利雅得胜利

国家队数据： 206场128球

欧洲杯正赛数据： 25场14球

欧洲杯预选赛数据： 44场41球

欧洲杯最佳战绩： 2016年冠军

连续6届参赛

欧洲杯历史最佳射手

或许在球迷心中，欧洲杯历史第一人，有不同的答案。但是在我心中，欧洲杯历史第一人，毫无疑问地属于一个人——**克里斯蒂亚诺·罗纳尔多**。

C罗在欧洲杯的历史上留下了无法抹去的印记。从2004年欧洲杯首秀面对希腊队打入个人在欧洲杯的处子球，到2021年夏天对阵法国队梅开二度。17年的时间，C罗在欧洲杯创造了无数纪录：**他25次出场，是欧洲杯出场次数最多的球员；他打入14球，是欧洲杯射手王；他赢得14场比赛，是欧洲杯的赢球王；他获得1次冠军以及1次亚军……**关键是，他所保持的这些纪录还将被他继续刷新。2024年，又一个盛夏，又一届欧洲杯，**C罗将连续6届参赛，书写新的欧洲杯历史**。

F.F.F.

02

Michel Platini

米歇尔·普拉蒂尼

出生日期： 1955年6月21日

国籍： 法国

位置： 中场

效力俱乐部： 南锡、圣埃蒂安、尤文

国家队数据： 72场41球

欧洲杯正赛数据： 5场9球

欧洲杯预选赛数据： 5场1球

欧洲杯最佳战绩： 1984年冠军

1984年欧洲杯，***普拉蒂尼奉献了欧洲杯历史上最为极致的个人表演，***5场比赛均有进球，帮助法国队首次夺得欧洲杯冠军，打入9球并创下单届欧洲杯的历史纪录。**法国队在小组赛第二战5：0击败比利时队，第三战3：2击败南斯拉夫队，普拉蒂尼连场上演帽子戏法。**半决赛法国队迎战葡萄牙队，普拉蒂尼在加时赛打入读秒绝杀球。在决赛中，他又首开纪录，帮助法国队力克西班牙队。在捧杯之后，各路媒体对普拉蒂尼赞不绝口，而***在当年的法国人心中，他甚至已然成为拿破仑式的传奇人物。***

连场帽子戏法

拿破仑式的传奇人物

03

弗朗茨·贝肯鲍尔

Franz Beckenbauer

足球皇帝

出生日期： 1945年9月11日

国籍： 联邦德国、德国

位置： 后卫

效力俱乐部： 拜仁、纽约宇宙、汉堡

国家队数据： 103场14球

欧洲杯正赛数据： 4场0球

欧洲杯预选赛数据： 18场0球

欧洲杯最佳战绩： 1972年冠军

清道夫

被誉为“足球皇帝”的贝肯鲍尔成名非常早，**20岁的时候就跟随联邦德国队拿到1966年世界杯亚军，**但打进4球的他还是一名比较标准的后腰。随着时间的推移，贝肯鲍尔的位置逐渐后撤，站在清道夫位置的中后场**“自由人”**踢法开始成为贝肯鲍尔的标签。1972年欧洲杯，贝肯鲍尔正式将这样的踢法带到了大赛（世界杯和欧洲杯）上，***从半决赛到决赛，贝肯鲍尔在攻防两端都发挥了决定性作用，***最终帮助联邦德国队首次夺得欧洲杯冠军。

被誉为“近代门将之父”的雅辛是世界足坛历史上最具开创性的门将之一，从扑救、出击到出球，他的很多技术动作都为后世的门将带来了巨大的启发。1960年首届欧洲杯，苏联队和南斯拉夫队会师决赛，上半场南斯拉夫队比分领先，但雅辛在下半场用5次精彩扑救将比赛拖入加时赛，并**最终帮助苏联队拿到了首届欧洲杯的冠军。**1963年，**雅辛获得金球奖，成为唯一获得金球奖的门将。**

04

列夫·雅辛

Lev Yashin

唯一的金球奖门将

近代门将之父

出生日期： 1929年10月22日

国籍： 苏联

位置： 门将

效力俱乐部： 莫斯科迪纳摩

国家队数据： 74场0球

欧洲杯正赛数据： 4场0球

欧洲杯预选赛数据： 6场0球

欧洲杯最佳战绩： 1960年冠军

05

Marco Van Basten

马尔科·范巴斯滕

出生日期： 1964年10月31日

国籍： 荷兰

位置： 前锋

效力俱乐部： 阿贾克斯、AC米兰

国家队数据： 58场24球

欧洲杯正赛数据： 9场5球

欧洲杯预选赛数据： 15场11球

欧洲杯最佳战绩： 1988年冠军

1988年欧洲杯对于范巴斯滕来说并非一帆风顺，荷兰队在小组赛首战不敌苏联队，范巴斯滕因为长期伤病并没有获得首发。失利的结果让主帅米歇尔斯在第二场比赛大胆变阵，**“三剑客”正式合体首发，**范巴斯滕直接用一个帽子戏法击溃了英格兰队的防线。决赛中荷兰队再度遭遇苏联队，范巴斯滕在第54分钟打进了一记被载入史册的零度角抽射，**这一“跨世纪的进球”最终也帮助荷兰队首次捧得德劳内杯。**

三剑客

跨世纪的进球

Coca-Cola
KNVB

06

盖德·穆勒

Gerd Müller

出生日期： 1945年11月3日

国籍： 联邦德国、德国

位置： 前锋

效力俱乐部： 诺林根、拜仁、劳德代尔堡前锋

国家队数据： 62场68球

欧洲杯正赛数据： 2场4球

欧洲杯预选赛数据： 10场12球

欧洲杯最佳战绩： 1972年冠军

轰炸机

连场梅开二度

1967年，盖德·穆勒在欧洲杯预选赛中打入了国家队处子球，那是联邦德国队对阵阿尔巴尼亚队的比赛，他一共打入4球。只可惜联邦德国队最终没能打进1968年欧洲杯正赛。1972年欧洲杯预选赛，盖德·穆勒又展现了“轰炸机”的恐怖火力，7场比赛打入7球。到了正赛，**盖德·穆勒更是在半决赛和决赛连场梅开二度，**帮助联邦德国队顺利捧杯。欧洲杯预选赛和正赛中，盖德·穆勒总计出战12场，打入16球，**他毫无疑问是欧洲杯历史上进球效率最高的射手。**

在20世纪80—90年代的世界足坛，古利特就是**“全能”**的代名词，**中前场的任何位置他都能胜任，**而且都能带来很好的场上效果，是名副其实的“六边形战士”。同样给人们带来深刻印象的，**还有他标志性的发型，被誉为“辫帅”的古利特甚至引领了荷兰的时尚风潮。**1988年欧洲杯，数以千计的荷兰球迷赶往现场观看比赛，并且人人都顶着一副古利特式的假发。**在荷兰队对阵苏联队的决赛中，古利特更是为荷兰队首开纪录，帮助“橙衣军团”首次问鼎欧洲杯。**

07

路德·古利特

Ruud Gullit

六边形战士

辫帅

出生日期： 1962年9月1日

国籍： 荷兰

位置： 中场

效力俱乐部： 哈勒姆、费耶诺德、埃因霍温、AC米兰、桑普多利亚、切尔西

国家队数据： 66场17球

欧洲杯正赛数据： 9场1球

欧洲杯预选赛数据： 20场10球

欧洲杯最佳战绩： 1988年冠军

08

Zinedine Zidane

齐内丁·齐达内

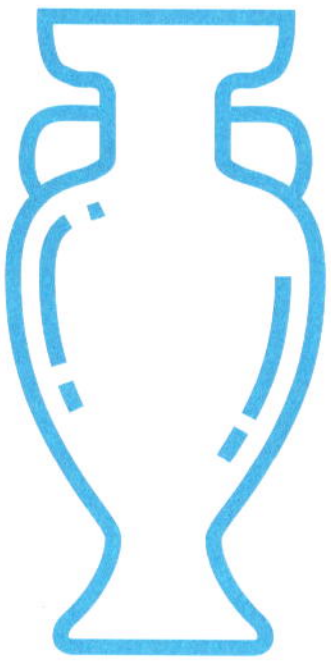

出生日期： 1972年6月23日

国籍： 法国

位置： 中场

效力俱乐部： 戛纳、波尔多、尤文、皇马

国家队数据： 108场31球

欧洲杯正赛数据： 14场5球

欧洲杯预选赛数据： 19场6球

欧洲杯最佳战绩： 2000年冠军

中场大师

金球点杀

1996年欧洲杯，24岁的齐达内第一次代表法国队参加大赛，但当时的他还略显青涩。在经历了1998年法国队在本土世界杯夺冠之后，**2000年欧洲杯，蜕变后的齐达内已经是球队的“中场大师”，**法国队在1/4决赛遭遇西班牙队，***齐达内用一脚十分角任意球让对手门将卡尼萨雷斯只能“望球兴叹”，这也是齐达内的欧洲杯首球。***半决赛法国队对阵葡萄牙队，又是齐达内在加时赛完成**“金球点杀”。**最终法国队在决赛击败意大利队实现大赛两年两冠，***齐达内也当选了当届欧洲杯的最佳球员。***

adidas
10
10
FIFA

adidas
8
8

09

Xavi

哈维

出生日期：1980年1月25日

国籍：西班牙

位置：中场

效力俱乐部：巴萨、萨德

国家队数据：133场12球

欧洲杯正赛数据：11场1球

欧洲杯预选赛数据：21场5球

欧洲杯最佳战绩：2008年冠军、2012年冠军

哈维的第一次欧洲杯之旅是在2004年，但枯坐了三场板凳的他只能是目送西班牙队小组赛出局。2008年，已经进入巅峰期的哈维成为西班牙队毫无疑问的中场核心，在阿拉贡内斯执教的体系里，哈维用细腻的技术和无与伦比的创造力支配着球队的进攻，**欧足联评委会将他形容为“乐队的总指挥”。**在西班牙队对阵德国队的决赛中，***他为托雷斯送出了精准助攻，帮助西班牙队成功夺冠并开启王朝，***哈维最终也被评选为当届欧洲杯的最佳球员。

精准助攻

乐队的总指挥

10

Andres Iniesta

安德雷斯·伊涅斯塔

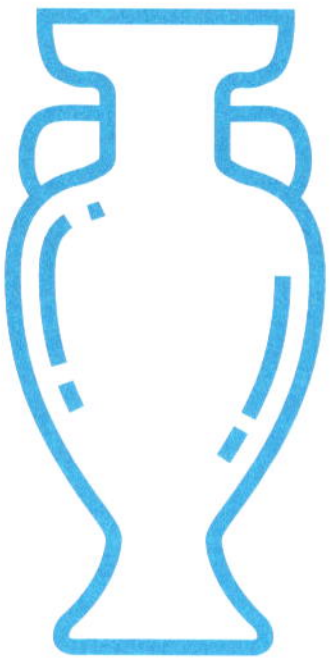

出生日期： 1984年5月11日

国籍： 西班牙

位置： 中场

效力俱乐部： 巴萨、神户胜利船、哈伊马角酋长

国家队数据： 131场14球

欧洲杯正赛数据： 16场0球

欧洲杯预选赛数据： 21场6球

欧洲杯最佳战绩： 2008年冠军、2012年冠军

以一敌五
完美的创造力和决断力

对于伊涅斯塔来说，欧洲杯的记忆是无比美好的，***2008年，第一次踏上欧洲杯赛场的伊涅斯塔就帮助西班牙队夺冠，那是他第一次以主力的身份代表西班牙队出战大赛。***4年之后，伊涅斯塔已经成为大师级别的进攻核心，对阵意大利队的 ***“以一敌五”，*** 更是欧洲杯赛场上最为经典的画面之一。最终西班牙队成功卫冕，虽然伊涅斯塔的数据并不华丽，但他还是**拿下了当届欧洲杯的最佳球员，**因为在评委眼中，他拥有近乎完美的创造力和决断力。

adidas
6

出生日期： 1962年9月30日

国籍： 荷兰

位置： 后卫、中场

效力俱乐部： 阿贾克斯、葡萄牙体育、萨拉戈萨、AC米兰

国家队数据： 73场10球

欧洲杯正赛数据： 9场2球

欧洲杯预选赛数据： 9场2球

欧洲杯最佳战绩： 1988年冠军

全攻全守黑天鹅

荷兰队的“全攻全守”理念，如果说是克鲁伊夫让它家喻户晓，那么里杰卡尔德就是让它登峰造极的那个人，**后腰和中卫都能胜任的他防守强悍、进攻犀利，**并且奔跑能力极佳，***他在场上踢球时，仿佛就是“全攻全守”的代名词，并且靠着实用而不失华丽的球风赢得了“黑天鹅”的绰号。***1988年欧洲杯，在主帅米歇尔斯“全攻全守”的执教理念下，里杰卡尔德名为中卫，实为中后场“自由人”，是攻防转换最重要的枢纽，更是成为日后米歇尔斯口中***“夺冠路上最重要的保障”。***

11

弗兰克·里杰卡尔德

Frank Rijkaard

12 迪诺·佐夫 Dino Zoff

出生日期： 1942年2月28日

国籍： 意大利

位置： 门将

效力俱乐部： 乌迪内斯、曼托瓦、那不勒斯、尤文

国家队数据： 112场0球

欧洲杯正赛数据： 7场0球

欧洲杯预选赛数据： 16场0球

欧洲杯最佳战绩： 1968年冠军

超越雅辛 钢铁门神

出生于1942年的佐夫，从小最为崇拜的就是苏联队传奇“门神”雅辛，在训练的过程中，他经常会琢磨和模仿雅辛的动作，希望有朝一日能够超越雅辛。***1968年，26岁的佐夫终于等来了他的国家队首秀，***他在欧洲杯预选赛的附加赛中帮助意大利队击败保加利亚队，成功挺进欧洲杯正赛。1968年欧洲杯，只有一场意大利队比赛经验的佐夫直接成为主力门将，***3场比赛仅失1球，帮助意大利队首夺欧洲杯冠军，***佐夫个人也赢得了**“钢铁门神”**的美誉。

13

尤尔根·克林斯曼

Jürgen Klinsmann

出生日期： 1964年7月30日

国籍： 联邦德国、德国

位置： 前锋

效力俱乐部： 斯图加特踢球者、斯图加特、国米、摩纳哥、热刺、拜仁、桑普多利亚、奥兰治蓝星

国家队数据： 108场47球

欧洲杯正赛数据： 13场5球

欧洲杯预选赛数据： 13场10球

欧洲杯最佳战绩： 1996年冠军

金色轰炸机

1988年，**不满24岁的克林斯曼顶着一头飘逸的金发初登欧洲杯赛场，“金色轰炸机”的名头也自此被叫响。** 1992年德国队饮恨欧洲杯决赛后，克林斯曼在1996年随队**卷土重来**，但在1/4决赛的受伤让他的欧洲杯前景蒙上阴影。最终在决赛前，德国队因为球员伤病和停赛已经到了无人可用的地步，**克林斯曼毅然决然带伤出战决赛，并在加时赛助攻比埃尔霍夫打进了欧洲杯历史上的第一个“金球”。** 作为队长的克林斯曼捧起奖杯，德国队也实现了在欧洲杯上的**第三次夺冠。**

带伤出战决赛

14 蒂埃里·亨利 Thierry Henry

出生日期： 1977年8月17日

国籍： 法国

位置： 前锋

效力俱乐部： 摩纳哥、尤文、阿森纳、巴萨、纽约红牛

国家队数据： 123场51球

欧洲杯正赛数据： 11场6球

欧洲杯预选赛数据： 16场12球

欧洲杯最佳战绩： 2000年冠军

两年两冠
海布里国王

亨利是20世纪末法国球员年少成名的典范，1998年，不满21岁、只代表法国队出场过3次的亨利，就***入选了世界杯法国队大名单并随队夺冠。***但此后他的俱乐部生涯并不顺利，尤其是在尤文的半个赛季。直到1999年夏天转会阿森纳，在迅速成为“海布里国王”的同时，亨利也把火热的状态带到了欧洲杯的赛场。2000年欧洲杯，亨利打进3球，***当选决赛最佳球员的同时入选赛事最佳阵容，帮助法国队实现了大赛两年两冠的伟业。***

15 费尔南多·托雷斯

Fernando Torres

出生日期： 1984年3月20日

国籍： 西班牙

位置： 前锋

效力俱乐部： 马竞、利物浦、切尔西、AC米兰、鸟栖砂岩

国家队数据： 110场38球

欧洲杯正赛数据： 13场5球

欧洲杯预选赛数据： 12场4球

欧洲杯最佳战绩： 2008年冠军、2012年冠军

决赛先生

托雷斯作为马竞队史上最年轻的队长，自出道以来就被誉为“圣婴”。2004年，年仅20岁的托雷斯初登欧洲杯赛场，但西班牙队却在小组赛出局。4年之后，在劳尔未被征召的情况下，托雷斯和比利亚共同撑起了西班牙队的锋线。**西班牙队对阵德国队的决赛，托雷斯强行突破拉姆一锤定音的进球至今仍被奉为经典。**2012年，托雷斯虽然已经不是西班牙队的绝对主力，但在决赛替补登场的他还是贡献了**一传一射，**帮助西班牙队锁定胜局，是名副其实的欧洲杯“决赛先生”。

圣婴

16

路易斯·苏亚雷斯

Luis Suárez

首位出生在西班牙的金球奖得主

东道主折桂

出生日期： 1935年5月2日

国籍： 西班牙

位置： 中场

效力俱乐部： 皇家拉科鲁尼亚、巴萨、国米、桑普多利亚

国家队数据： 32场14球

欧洲杯正赛数据： 2场0球

欧洲杯预选赛数据： 3场2球

欧洲杯最佳战绩： 1964年冠军

苏亚雷斯在1960年获得**金球奖，**成为首位出生在西班牙的金球奖得主。1964年，第二届欧洲杯在西班牙举行，***对于苏亚雷斯来说，他身负着西班牙队全队的希望。***半决赛西班牙队面对匈牙利队，***开场35分钟苏亚雷斯助攻佩雷达破门***，这是西班牙队在欧洲杯历史上打入的第1球，后经过加时赛鏖战，西班牙队成功挺进决赛。在决赛中，苏亚雷斯带领西班牙队击败上届冠军苏联队，上演了欧洲杯历史上的第一次“东道主折桂”。

17

贝恩德·舒斯特尔

Bernd Schuster

出生日期： 1959年12月22日

国籍： 联邦德国、德国

位置： 中场

效力俱乐部： 科隆、巴萨、皇马、勒沃库森、美洲狮

国家队数据： 21场4球

欧洲杯正赛数据： 2场0球

欧洲杯预选赛数据： 5场0球

欧洲杯最佳战绩： 1980年冠军

唯一参加的大赛

舒斯特尔是联邦德国队少有的**技术型球员，**1979年，不满20岁的舒斯特尔就进入了联邦德国队，但很快，主帅德瓦尔就发现这位“桀骜的天才”并不是那么好管理。1980年欧洲杯，***联邦德国队一路从预选赛到正赛，舒斯特尔都发挥了重要的作用，***正是他的关键助攻帮助联邦德国队在对阵比利时队的决赛中先拔头筹并最终捧杯。但后来由于和主教练德瓦尔的矛盾，舒斯特尔在25岁时就退出了国家队，***1980年欧洲杯也成为舒斯特尔唯一参加过的大赛。***

桀骜的天才

出生日期： 1955年6月23日

国籍： 法国

位置： 中场

效力俱乐部： 卡西斯、土伦、里昂、波尔多、马赛

国家队数据： 52场1球

欧洲杯正赛数据： 5场0球

欧洲杯预选赛数据： 4场0球

欧洲杯最佳战绩： 1984年冠军

铁三角 15场不败

在20世纪80年代，***法国队因为普拉蒂尼、吉雷瑟和蒂加纳组成的“铁三角”而闻名，***三人当中蒂加纳承担了最多的拦截任务，同时他还是一个全能的中场。1984年欧洲杯，***在法国队经历的5场比赛中，蒂加纳送出了3次助攻，***作为当时球队的中后场枢纽，他与普拉蒂尼的连线相得益彰，与吉雷瑟一起共同撑起了法国队的中轴线。从1983年10月到1985年4月，**“铁三角”领军的法国队不仅夺得欧洲杯冠军，更是创下了连续15场不败的佳绩。**

19 阿兰·吉雷瑟 Alain Giresse

出生日期： 1952年8月2日

国籍： 法国

位置： 中场

效力俱乐部： 波尔多、马赛

国家队数据： 47场6球

欧洲杯正赛数据： 5场1球

欧洲杯预选赛数据： 1场0球

欧洲杯最佳战绩： 1984年冠军

最佳拍档

欧洲杯历史上的第100球

吉雷瑟在法国足坛成名很早， 1974年，22岁的吉雷瑟就第一次为法国队出战。但是由于当时的法国队核心是普拉蒂尼，吉雷瑟在后来很长一段时间之内都被排除在法国队之外。***接近而立之年时，吉雷瑟才算在法国队站稳脚跟，但很快，他就成为普拉蒂尼口中的“最佳拍档”。*** 1984年欧洲杯，吉雷瑟在自己唯一参加过的欧洲杯上大放异彩，小组赛法国队对阵比利时队，他更是打入欧洲杯历史上的第100球，最终法国队如愿捧杯，吉雷瑟也入选了当届欧洲杯的**最佳阵容。**

20

约翰·克鲁伊夫

Johan Cruyff

出生日期： 1947年4月25日

国籍： 荷兰

位置： 中场

效力俱乐部： 阿贾克斯、巴萨、洛杉矶阿兹特克、华盛顿外交官、莱万特、费耶诺德

国家队数据： 48场33球

欧洲杯正赛数据： 1场0球

欧洲杯预选赛数据： 12场12球

欧洲杯最佳战绩： 1976年季军

大赛绝唱

飞翔的荷兰人

作为荷兰队历史上最为传奇的球星，克鲁伊夫以他灵动的盘带和犀利的突破被称作**"飞翔的荷兰人"。**1966年，19岁的克鲁伊夫在欧洲杯预选赛中完成国家队首秀。但在此后的岁月里，他虽然总是在欧洲杯预选赛中发挥神勇，在世界杯上也能有出色的表现，但却始终无法带领荷兰队晋级欧洲杯正赛。直到1976年，克鲁伊夫才第一次踏上欧洲杯的赛场，但遗憾的是，荷兰队在半决赛不敌捷克斯洛伐克队，***这届欧洲杯既是克鲁伊夫的欧洲杯首秀，也成为他的大赛绝唱。***

21

伊戈尔·卡西利亚斯

Iker Casillas

出生日期： 1981年5月20日

国籍： 西班牙

位置： 门将

效力俱乐部： 皇家马德里、波尔图

国家队数据： 167场0球

欧洲杯正赛数据： 14场0球

欧洲杯预选赛数据： 34场0球

欧洲杯最佳战绩： 2008年冠军、2012年冠军

五朝元老
两次捧杯的队长

2000年欧洲杯，**年仅19岁的卡西利亚斯就第一次随西班牙队出征。** 4年之后，虽然他将1号球衣让给了圣地亚哥·卡尼萨雷斯，但卡西利亚斯已经成为西班牙队当之无愧的主力门将。2008年欧洲杯，在劳尔落选之后，卡西利亚斯成为西班牙队的队长，并且帮助球队一骑绝尘捧得奖杯。***2012年欧洲杯西班牙队成功卫冕，卡西利亚斯成为两次捧杯的队长。*** 2016年，作为欧洲杯的 ***“五朝元老”*** ，卡西利亚斯以替补门将的身份完成了他的最后一次大赛之旅。

22

詹路易吉·布冯

Gianluigi Buffon

出生日期： 1978年1月28日
国籍： 意大利
位置： 门将
效力俱乐部： 帕尔马、尤文、巴黎圣日耳曼
国家队数据： 176场0球
欧洲杯正赛数据： 17场0球
欧洲杯预选赛数据： 41场0球
欧洲杯最佳战绩： 2012年亚军

小将布冯

为国家服务的士兵

由于布冯超长的职业生涯，人们总是用 **“小将布冯”** 调侃这位意大利队的传奇门将。1998年，20岁的布冯就已经参加了世界杯。***但是由于伤病，布冯直到26岁才完成欧洲杯的首秀。*** 意大利队从2004年被扼杀于小组赛，到2008年八强点球大战败北；从2012年饮恨决赛，到2016年又一次八强点球大战出局，布冯的欧洲杯经历充满了遗憾。但对于把自己称为 **“为国家服务的士兵”** 的布冯来讲，能为“蓝衣军团”竭尽所能付出一切，也就无愧于心了。

23

路易吉·里瓦

Luigi Riva

出生日期： 1944年11月7日

国籍： 意大利

位置： 前锋

效力俱乐部： 莱尼亚诺、卡利亚里

国家队数据： 42场35球

欧洲杯正赛数据： 1场1球

欧洲杯预选赛数据： 8场9球

欧洲杯最佳战绩： 1968年冠军

卡利亚里的神话

意大利队历史第一射手

1963年，19岁的里瓦加盟卡利亚里，他为这支球队效力了15年，被誉为**"卡利亚里的神话"**。里瓦凭借在初到卡利亚里时的出色表现，在1965年首次入选意大利队，虽然他没能参加1966年世界杯，***但在1968年欧洲杯预选赛上，里瓦3场比赛打进6球表现突出，更在1968年欧洲杯的决赛里首开纪录帮助意大利队夺冠。***时至今日，打进35球的里瓦仍然是意大利队历史**第一射手**。

24

安东宁·帕年卡
Antonin Panenka

出生日期： 1948年12月2日
国籍： 捷克斯洛伐克、捷克
位置： 中场
效力俱乐部： 布拉格波希米亚、维也纳快速、圣珀尔滕、维也纳斯洛伐克人、霍赫瑙、魏森多夫
国家队数据： 62场21球
欧洲杯正赛数据： 6场1球
欧洲杯预选赛数据： 7场6球
欧洲杯最佳战绩： 1976年冠军

定位球比拼　勺子点球

对于出生于布拉格的帕年卡来说，其职业生涯的绝大多数时间是在家乡球队布拉格波希米亚度过的，在训练场上，他总是拉着门将赫鲁斯卡进行包括点球在内的一对一定位球比拼，长年累月下来，帕年卡的定位球水平有了长足进步，**甚至开发出了在12码点上的“秘密武器”。**1976年欧洲杯决赛，捷克斯洛伐克队和联邦德国队打到了残酷的点球大战。最终，帕年卡用一记**“勺子点球”**一剑封喉，**他也以“勺子点球”创始人的身份被永载足坛史册。**

瓦伦丁·伊万诺夫

Valentin Ivanov

出生日期： 1934年11月19日

国籍： 苏联、俄罗斯

位置： 前锋

效力俱乐部： 莫斯科鱼雷

国家队数据： 57场25球

欧洲杯正赛数据： 4场3球

欧洲杯预选赛数据： 6场2球

欧洲杯最佳战绩： 1960年冠军

一人一队 芭蕾舞者

25

在苏联足球最为辉煌的20世纪50—60年代，苏联队防线上的明星是传奇“门神”雅辛，而进攻端最为耀眼的球员就是伊万诺夫，他球风飘逸、脚下技术细腻，因此有了“芭蕾舞者”的绰号。1960年苏联队夺得首届欧洲杯的冠军，伊万诺夫大放异彩，在半决赛上演梅开二度。4年之后的第二届欧洲杯，伊万诺夫又在半决赛打入一球，连续两届入选赛事最佳阵容。1966年伊万诺夫退役，更是留下了在莫斯科鱼雷效力15年一人一队的传奇佳话。

26

出生日期： 1963年11月18日

国籍： 丹麦

位置： 门将

效力俱乐部： 格拉德萨克斯英雄、哈维德夫、布隆德比、曼联、葡萄牙体育、阿斯顿维拉、曼城

国家队数据： 121场1球

欧洲杯正赛数据： 13场0球

欧洲杯预选赛数据： 26场0球

欧洲杯最佳战绩： 1992年冠军

Peter Schmeichel

彼得·舒梅切尔

55万英镑 丹麦童话

在彼得·舒梅切尔超过20年职业生涯的6次转会中，只有一次附带了转会费：1991年，曼联只花费了55万英镑就签下了这位丹麦门将。在英超，舒梅切尔迅速成为世界顶尖的门将之一。而一年之后，舒梅切尔更是和他的队友创造了欧洲杯上的“丹麦童话”。面对范巴斯滕、克林斯曼等顶级射手，舒梅切尔一次又一次地在门线上拯救球队，让以替补身份参加欧洲杯的丹麦队一路过关斩将最终捧杯，成为欧洲杯历史上永远的佳话。

27

欧洲杯首秀破门

连续两年获得金球奖

Karl-Heinz Rummenigge

卡尔-海茵茨·鲁梅尼格

出生日期： 1955年9月25日

国籍： 联邦德国、德国

位置： 前锋

效力俱乐部： 拜仁、国米、塞尔维特

国家队数据： 95场45球

欧洲杯正赛数据： 7场1球

欧洲杯预选赛数据： 14场9球

欧洲杯最佳战绩： 1980年冠军

1980年和1981年绝对是鲁梅尼格职业生涯中最辉煌的两年，他不仅连续两年夺得德甲金靴奖，更是连续两年获得金球奖，成为当时国际足坛最为知名的球星之一。1980年，不满25岁的鲁梅尼格第一次踏上欧洲杯的赛场，小组赛首战联邦德国队面对捷克斯洛伐克队，鲁梅尼格上演欧洲杯首秀破门。决赛联邦德国队对阵比利时队，两队在第88分钟的比分还是1:1，此时正是鲁梅尼格开出的角球助攻霍斯特·赫鲁贝施梅开二度，帮助联邦德国队绝杀比利时队，第二次夺得欧洲杯冠军。

28

追赶普拉蒂尼

金球奖加金靴奖

安托万·格列兹曼

Antoine Griezmann

出生日期： 1991年3月21日

国籍： 法国

位置： 前锋

效力俱乐部： 皇家社会、马竞、巴萨

国家队数据： 127场44球

欧洲杯正赛数据： 11场7球

欧洲杯预选赛数据： 18场4球

欧洲杯最佳战绩： 2016年亚军

2016年，格列兹曼在祖国的土地上第一次踏上欧洲杯的赛场，对于这个14岁时被法国青训体系放弃、被迫来到西班牙追寻足球梦想的前锋来讲，这一路走来并不容易。7场比赛打进6球，格列兹曼同时获得了欧洲杯的金球奖和金靴奖，但遗憾的是法国队并没能在家门口捧杯。在经历了2020欧洲杯之后，已经打入7球的格列兹曼将在今年继续追赶前辈普拉蒂尼在欧洲杯上的进球纪录，继续去为法国队冲击阔别24年的德劳内杯。

29

冈特·内策尔

Günter Netzer

出生日期： 1944年9月14日
国籍： 联邦德国、德国
位置： 中场
效力俱乐部： 门兴格拉德巴赫、皇马、苏黎世草蜢
国家队数据： 37场6球
欧洲杯正赛数据： 2场0球
欧洲杯预选赛数据： 9场2球
欧洲杯最佳战绩： 1972年冠军

运筹帷幄掌控全局
中场大脑

20世纪70年代的联邦德国队，整体崇尚的还是激烈的拼抢和身体对抗，在这样的氛围中，“中场大脑”内策尔的天赋就显得更加突出。1972年欧洲杯，内策尔是联邦德国队承上启下的进攻核心，在中场运筹帷幄掌控全局，衔接后防线的中流砥柱贝肯鲍尔和锋线上的“进球机器”盖德·穆勒。内策尔在半决赛送出两次助攻帮助球队击败比利时队，在决赛继续表现突出，帮助联邦德国队3∶0轻取苏联队，队史上第一次夺得欧洲杯冠军。

30

Didier Deschamps

迪迪埃·德尚

出生日期： 1968年10月15日
国籍： 法国
位置： 中场
效力俱乐部： 南特、马赛、波尔多、尤文、切尔西、瓦伦西亚
国家队数据： 103场4球
欧洲杯正赛数据： 13场0球
欧洲杯预选赛数据： 23场0球
欧洲杯最佳战绩： 2000年冠军

最圆满的句号
法国队精神领袖

在2000年欧洲杯之前，德尚已经明确那将是他代表法国队参加的最后一届大赛。1998年，他作为队长帮助法国队首次夺得世界杯冠军，2年之后，德尚继续作为精神领袖带领着法国队向着欧洲杯冠军的荣誉再度发起冲击。法国队从半决赛淘汰葡萄牙队，再到决赛击败意大利队，两场2∶1的逆转，两场加时赛“金球”绝杀，德尚均打满全场。他高举德劳内杯，为自己的国家队生涯画上了最圆满的句号。

Dragan Džajić

德拉甘·扎伊奇

31

绝杀英格兰队

金左脚

出生日期： 1946年5月30日
国籍： 南斯拉夫、塞尔维亚
位置： 前锋
效力俱乐部： 贝尔格莱德红星、巴斯蒂亚
国家队数据： 84场23球
欧洲杯正赛数据： 5场4球
欧洲杯预选赛数据： 16场4球
欧洲杯最佳战绩： 1968年亚军

扎伊奇是南斯拉夫足球历史上最为出色的左边锋之一，年少成名的他有着无与伦比的“金左脚”，盘带、过人、射门样样精通，“球王”贝利也曾不止一次称赞过扎伊奇的绝世天赋。1968年，22岁的扎伊奇在欧洲杯半决赛中打入绝杀球，将1966年世界杯冠军英格兰队淘汰，但最终南斯拉夫队在决赛中不敌意大利队遗憾获得亚军。1976年欧洲杯，扎伊奇在2场比赛中分别打入1球。他两次参加欧洲杯，均入选了最佳阵容。

32

路易斯·菲戈

Luís Figo

出生日期： 1972年11月4日
国籍： 葡萄牙
位置： 中场
效力俱乐部： 葡萄牙体育、巴萨、皇马、国米
国家队数据： 127场32球
欧洲杯正赛数据： 14场2球
欧洲杯预选赛数据： 20场6球
欧洲杯最佳战绩： 2004年亚军

黄金一代

绝地反击逆转英格兰队

2000年欧洲杯，是以菲戈为代表的葡萄牙队“黄金一代”在大赛舞台上最精彩的表演，小组赛首战葡萄牙队在0:2落后于英格兰队的情况下，菲戈用一脚30米开外的“世界波”吹响反攻的号角，最终葡萄牙队绝地反击3:2逆转英格兰队，缔造了当届欧洲杯最为经典的比赛之一。凭借着在欧洲杯上的优异表现，菲戈也在2000年获得了金球奖。但2004年欧洲杯葡萄牙队在主场作战遗憾获得亚军，作为队长的菲戈只得在欧洲杯上留下永远的遗憾。

Francesco Toldo

弗朗西斯科·托尔多

一场比赛三次扑出点球

圣·托尔多

出生日期： 1971年12月2日

国籍： 意大利

位置： 门将

效力俱乐部： 维罗纳、特伦托、拉韦纳、佛罗伦萨、国米

国家队数据： 28场0球

欧洲杯正赛数据： 6场0球

欧洲杯预选赛数据： 1场0球

欧洲杯最佳战绩： 2000年亚军

托尔多可能是欧洲杯历史上在单届比赛中发挥最为惊艳的门将之一。在2000年欧洲杯开赛前，意大利队的主力门将布冯受伤，托尔多临危受命成为主力。半决赛意大利队对阵荷兰队，托尔多上演了欧洲杯历史上最为神奇的门将表演，常规时间与点球大战，托尔多三次扑出点球，外加荷兰队球员射失两粒点球，意大利队就这样靠着托尔多的神勇发挥晋级决赛。这场比赛之后，托尔多也开始被意大利球迷称为“圣·托尔多”。

詹路易吉·唐纳鲁马

Gianluigi Donnarumma

出生日期： 1999年2月25日

国籍： 意大利

位置： 门将

效力俱乐部： AC米兰、巴黎圣日耳曼

国家队数据： 61场0球

欧洲杯正赛数据： 7场0球

欧洲杯预选赛数据： 13场0球

欧洲杯最佳战绩： 2021年冠军

欧洲杯最佳球员

2015年10月，年仅16岁的天才门将唐纳鲁马就身披AC米兰的球衣完成了他的意甲首秀，一年之后，在对阵法国队的友谊赛上，唐纳鲁马成为意大利队历史上完成首秀最年轻的门将。2021年夏天，唐纳鲁马以主力门将身份代表意大利队出战欧洲杯，半决赛和决赛两场点球大战，他都有决定性的发挥，最终帮助意大利队夺冠。与此同时，唐纳鲁马更是成为第一位当选欧洲杯最佳球员的门将。

天才门将

35 阿兰·希勒 Alan Shearer

出生日期： 1970年8月13日

国籍： 英国

位置： 前锋

效力俱乐部： 南安普敦、布莱克本、纽卡斯尔联

国家队数据： 63场30球

欧洲杯正赛数据： 9场7球

欧洲杯预选赛数据： 10场6球

欧洲杯最佳战绩： 1996年四强

5战5球荣膺金靴 打破27个月进球荒

早在1992年欧洲杯，不满22岁的希勒就完成了他在欧洲杯上的首秀。4年之后的英格兰欧洲杯，希勒已经成为英格兰队最为知名的前锋。但赛前希勒身上背负了极为沉重的压力，因为从1994年3月到1996年6月欧洲杯开赛前，希勒在英格兰队已经有16场比赛没有进球了。但英格兰队在小组赛首战面对瑞士队时，希勒就成功打破27个月进球荒，最终他更是在5场比赛中打入5球荣膺金靴奖。不过可惜的是英格兰队在半决赛点球大战中的失利，让其“足球回家”的口号化为泡影。

36 卡雷尔·波博斯基 Karel Poborsky

出生日期： 1972年3月30日

国籍： 捷克

位置： 中场

效力俱乐部： 布杰约维采、维克托里亚济科夫、布拉格斯拉维亚、曼联、本菲卡、拉齐奥、布拉格斯巴达

国家队数据： 119场8球

欧洲杯正赛数据： 14场2球

欧洲杯预选赛数据： 20场3球

欧洲杯最佳战绩： 1996年亚军

一条龙突破吊射

1996年的夏天，波博斯基这个名字在短短一个月之内从默默无闻变为了家喻户晓。在那支拿下亚军的捷克队阵中，右边锋波博斯基是最闪亮的那颗星。3场小组赛，波博斯基贡献2次助攻，而真正让他吸引到所有人目光的，是那场捷克队对阵葡萄牙队的1/4决赛。波博斯基在比赛里上演了“一条龙”突破吊射破门，戏耍了对方出击的门将维托尔·拜亚，这是波博斯基的国家队处子球，也是他12年国家队生涯里最为“高光”的时刻。

金发飘逸的边路快马

帕维尔·内德维德

Pavel Nedvěd

出生日期： 1972年8月30日

国籍： 捷克

位置： 中场

效力俱乐部： 比尔森胜利、布拉格杜克拉、布拉格斯巴达、拉齐奥、尤文

国家队数据： 91场18球

欧洲杯正赛数据： 12场1球

欧洲杯预选赛数据： 19场5球

欧洲杯最佳战绩： 1996年亚军

铁人 天道酬勤

内德维德因为在场上不惜力地奔跑而被誉为“铁人”，这种勤勉的踢球风格更是成为其成功的秘诀。1996年欧洲杯，捷克队拿下亚军，卡雷尔·波博斯基毫无疑问是队内最为闪耀的球员，而内德维德只是他身边的“绿叶”。但正所谓天道酬勤，内德维德虽然不止一次公开表示过自己并非天赋突出的球员，但靠着勤奋与努力，他在2003年成功拿到金球奖。2004年欧洲杯，内德维德以队长的身份帮助捷克队再度打进四强，并入选了当届欧洲杯的赛事最佳阵容。

恺撒二世 夺得金球奖的后卫

出生日期： 1967年9月15日

国籍： 民主德国、德国

位置： 后卫

效力俱乐部： 德累斯顿迪纳摩、斯图加特、国米、多特蒙德

国家队数据： 51场8球（不含民主德国队数据，下同）

欧洲杯正赛数据： 10场2球

欧洲杯预选赛数据： 9场2球

欧洲杯最佳战绩： 1996年冠军

萨默尔在职业生涯后期被誉为“恺撒二世”，20世纪90年代，他继承了贝肯鲍尔“自由人”式的清道夫踢法，成为德国队的中后场核心。1996年欧洲杯，萨默尔在防守端和门将安德烈亚斯·科普克构成了铜墙铁壁，而在进攻端，萨默尔还打入2球。决赛中德国队凭借着奥利弗·比埃尔霍夫在加时赛打入的“金球”拿到冠军，萨默尔凭借出色的发挥荣膺当届欧洲杯最佳球员，并且在当年成为继贝肯鲍尔之后又一位夺得金球奖的后卫。

Theodoros Zagorakis

蒂奥多罗斯·扎戈拉基斯

39

缔造神话的队长

精神领袖

出生日期： 1971年10月27日
国籍： 希腊
位置： 中场
效力俱乐部： 卡瓦拉、塞萨洛尼基、莱斯特城、雅典AEK、博洛尼亚
国家队数据： 120场3球
欧洲杯正赛数据： 6场0球
欧洲杯预选赛数据： 30场0球
欧洲杯最佳战绩： 2004年冠军

2004年，希腊队在欧洲杯上神话般地夺得了冠军，而扎戈拉基斯正是缔造神话的队长。出生于1971年的扎戈拉基斯从1994年就开始为希腊队征战，但当时的希腊队想从国家队大赛预选赛当中突围都极为困难。直到2004年欧洲杯，33岁的扎戈拉基斯才第一次踏上大赛舞台，作为希腊队的精神领袖，他宛如场上的定海神针，攻防两端都有极为重要的发挥。最终伴随着希腊队的夺冠，扎戈拉基斯也荣膺了当届欧洲杯的最佳球员。

40

塞尔吉奥·拉莫斯

Sergio Ramos

出生日期： 1986年3月30日
国籍： 西班牙
位置： 后卫
效力俱乐部： 塞维利亚、皇家马德里、巴黎圣日耳曼
国家队数据： 180场23球
欧洲杯正赛数据： 15场0球
欧洲杯预选赛数据： 34场8球
欧洲杯最佳战绩： 2008年冠军、2012年冠军

右后卫改打中后卫

拉莫斯年少成名，不到20岁就已经成了西班牙队的主力右后卫。2008年，22岁的拉莫斯第一次参加欧洲杯，就以主力右后卫的身份随队夺冠。在普约尔淡出西班牙队后，拉莫斯从右后卫改打中后卫，依然是西班牙队的绝对主力。2012年，拉莫斯以主力中后卫的身份再度帮助西班牙队夺冠。此后，拉莫斯一直是西班牙队的绝对主力球员，到现如今仍然保持着180场的西班牙队出场纪录。

国家队出场纪录

41 安德烈·阿尔沙文 Andrey Arshavin

出生日期： 1981年5月29日
国籍： 俄罗斯
位置： 中场
效力俱乐部： 圣彼得堡泽尼特、阿森纳、克拉斯诺达尔库班、阿拉木图凯拉特
国家队数据： 76场17球
欧洲杯正赛数据： 6场2球
欧洲杯预选赛数据： 22场3球
欧洲杯最佳战绩： 2008年四强

沙皇一战成名

俄罗斯足坛历史上曾有多人被称为“沙皇”，阿尔沙文可以说是其中最大器晚成的。2008年欧洲杯，27岁的阿尔沙文第一次代表俄罗斯队参加国家队大赛，但他因为在预选赛中领到的红牌而在小组赛前两场停赛。正所谓厚积薄发，小组赛第三战，阿尔沙文在欧洲杯首秀就收获进球，帮助俄罗斯队挺进八强。1/4决赛，阿尔沙文更是一战成名，一传一射帮助俄罗斯队爆冷淘汰夺冠热门荷兰队，接队友界外球的那次破门更是成为欧洲杯永恒的经典。

42 保罗·加斯科因 Paul Gascoigne

出生日期： 1967年5月27日
国籍： 英国
位置： 中场
效力俱乐部： 纽卡斯尔联、热刺、拉齐奥、格拉斯哥流浪者、米德尔斯堡、埃弗顿、伯恩利、甘肃天马、波士顿联
国家队数据： 57场10球
欧洲杯正赛数据： 5场1球
欧洲杯预选赛数据： 1场0球
欧洲杯最佳战绩： 1996年四强

从加斯科因出道开始，他就一直被英格兰媒体称为才华横溢的天才。1996年欧洲杯，英格兰队本土作战，这也是加斯科因职业生涯唯一的欧洲杯之旅。小组赛阶段，英格兰队和苏格兰队在温布利球场上演了“英伦德比”，加斯科因在比赛第79分钟用精巧的挑球过人突入禁区完成凌空抽射，帮助英格兰队锁定胜局，加斯科因倒地后被队友喷水庆祝，这一球时至今日仍被很多人认为是英格兰队历史上最经典的进球。

英伦德比 英格兰队历史上最经典的进球

43 吉亚琴托·法切蒂 Giacinto Facchetti

出生日期： 1942年7月18日

国籍： 意大利

位置： 后卫

效力俱乐部： 特雷维格里奥、国米

国家队数据： 94场3球

欧洲杯正赛数据： 3场0球

欧洲杯预选赛数据： 24场1球

欧洲杯最佳战绩： 1968年冠军

大国际时代 伟大的意大利左后卫

20世纪60年代，法切蒂是国米“大国际时代”的代表人物之一，作为左后卫，他开创了进攻型边后卫的踢法，曾经在意甲单赛季打进10球。1966年，24岁的法切蒂便成为意大利队的队长。1968年欧洲杯预选赛，意大利队在次回合逆转保加利亚队首次晋级正赛。1968年欧洲杯决赛，意大利队击败南斯拉夫队夺冠，法切蒂作为队长捧起奖杯，也成为人们口中第一代“伟大的意大利左后卫”。

44 布莱恩·劳德鲁普 Brian Laudrup

出生日期： 1969年2月22日

国籍： 丹麦

位置： 中场

效力俱乐部： 布隆德比、乌丁根、拜仁、佛罗伦萨、AC米兰、格拉斯哥流浪者、切尔西、哥本哈根、阿贾克斯

国家队数据： 86场22球

欧洲杯正赛数据： 8场3球

欧洲杯预选赛数据： 10场1球

欧洲杯最佳战绩： 1992年冠军

两周的准备期 承担起哥哥的责任

1992年6月，在距离欧洲杯开幕只剩两周的时候，丹麦队突然被通知顶替南斯拉夫队参赛，两周的准备期对于任何一支球队来说都显得极为仓促，而更沉重的打击是其进攻核心米歇尔·劳德鲁普无法参赛。此时布莱恩·劳德鲁普站了出来，在俱乐部主打前锋的他，在丹麦队承担起哥哥的责任，成为那届欧洲杯丹麦队的进攻核心，最终丹麦队在半决赛和决赛连续击败荷兰队和德国队两支夺冠热门球队，上演了载入欧洲杯史册的“丹麦童话”。

45

帕特里克·克鲁伊维特

Patrick Kluivert

出生日期： 1976年7月1日

国籍： 荷兰

位置： 前锋

效力俱乐部： 阿贾克斯、AC米兰、巴萨、纽卡斯尔联、瓦伦西亚、埃因霍温、里尔

国家队数据： 79场40球

欧洲杯正赛数据： 9场6球

欧洲杯预选赛数据： 16场7球

欧洲杯最佳战绩： 2000年四强、2004年四强

年少成名 金靴对决

克鲁伊维特年少成名，不满20岁的时候就第一次踏上了欧洲杯的赛场。2000年欧洲杯，克鲁伊维特已经是荷兰队的当家射手，他在小组赛阶段打入2球。1/4决赛，荷兰队面对南斯拉夫队，克鲁伊维特与已经打入4球的萨沃·米洛舍维奇上演“金靴对决”，克鲁伊维特在比赛的第54分钟就完成了帽子戏法，射手榜上也反超米洛舍维奇，后者在补时阶段破门，荷兰队最终以6:1击败对手晋级四强，克鲁伊维特则和米洛舍维奇共享了2000年欧洲杯的金靴奖。

费伦茨·拜奈

Ferenc Bene

46

出生日期： 1944年12月17日

国籍： 匈牙利

位置： 前锋

效力俱乐部： 毛尔曹利、考波什堡、新佩斯、沃兰、奇诺因、塞皮西、德姆舍德、索罗克萨里、凯奇凯梅特

国家队数据： 76场36球

欧洲杯正赛数据： 3场2球

欧洲杯预选赛数据： 18场9球

欧洲杯最佳战绩： 1964年季军

匈牙利队在20世纪中叶曾是世界足坛最出色的球队之一，而那支球队中最犀利的“锋线尖刀”就是费伦茨·拜奈。对于拜奈来说，他度过了一个近乎疯狂的1964年：他在3场欧洲杯预选赛中打进3球，帮助匈牙利队晋级正赛；在半决赛和季军赛的两场比赛中他均实现破门，帮助球队拿下季军；同年10月他更是在东京奥运会的5场比赛中打进12球，帮助匈牙利队夺得男足金牌。

疯狂的1964年 锋线尖刀

Leonardo Bonucci

47 莱奥纳尔多·博努奇

玄冥二老

决赛最佳球员

出生日期： 1987年5月1日

国籍： 意大利

位置： 后卫

效力俱乐部： 维特比斯、国米、特雷维索、比萨、热那亚、巴里、尤文、AC米兰、柏林联合

国家队数据： 121场8球

欧洲杯正赛数据： 18场2球

欧洲杯预选赛数据： 25场3球

欧洲杯最佳战绩： 2021年冠军

当博努奇在2021年站上欧洲杯决赛的赛场上时，他已经是34岁的老将了，他和身边36岁的吉奥吉奥·基耶利尼被称为意大利队的“玄冥二老”。虽然已不再年轻，但博努奇完美地诠释了什么叫作“家有一老如有一宝”。在被英格兰队先入一球的情况下，博努奇在第67分钟利用角球机会帮助意大利队扳平比分，随后在残酷的点球大战中罚入关键点球。最终意大利队如愿夺冠，博努奇更是当选了决赛最佳球员。

48 德科

Deco

出生日期： 1977年8月27日

国籍： 葡萄牙、巴西

位置： 中场

效力俱乐部： 国民SP、科林蒂安、本菲卡、阿尔韦卡、萨尔盖罗斯、波尔图、巴萨、切尔西、弗卢米嫩塞

国家队数据： 75场5球

欧洲杯正赛数据： 9场1球

欧洲杯预选赛数据： 10场0球

欧洲杯最佳战绩： 2004年亚军

中场大脑

真正的10号球员

2004年欧洲杯东道主葡萄牙队获得亚军，德科在首场比赛中并未首发，但他在下半场替补登场后展现了出色的竞技状态，此后直到决赛，他一直是葡萄牙队的绝对主力和“中场大脑”。作为2004年欧洲杯葡萄牙队发挥最出色的球员之一，身披20号球衣的德科在第一场比赛之后就把“黄金一代”代表人物之一、身披10号球衣的鲁伊·科斯塔“按”在了板凳席上，德科更是被誉为葡萄牙队真正的10号球员。

49

阿列克谢·米哈伊利琴科 Oleksiy Mykhaylychenko

出生日期： 1963年3月30日

国籍： 苏联、乌克兰

位置： 中场

效力俱乐部： 基辅迪纳摩、桑普多利亚、格拉斯哥流浪者

国家队数据： 41场9球（仅含苏联队数据，下同）

欧洲杯正赛数据： 8场1球

欧洲杯预选赛数据： 12场3球

欧洲杯最佳战绩： 1988年亚军

苏联队最后的队长

苏联足球先生

对于苏联足坛来说，1988年是属于米哈伊利琴科的一年，在那支夺得欧洲杯亚军的苏联队中，米哈伊利琴科是绝对的中场核心，也是发挥最好的球员。在夺得欧洲杯亚军3个月后，米哈伊利琴科又帮助苏联队拿下了汉城奥运会男足金牌，并在当年以绝对优势当选“苏联足球先生”。1989年，米哈伊利琴科成为苏联队最后一任队长，并在1991年以队长的身份参加了苏联队的最后一场正式比赛。

安耶洛斯·查里斯特亚斯 Angelos Charisteas

出生日期： 1980年2月9日

国籍： 希腊

位置： 前锋

效力俱乐部： 阿里斯、雅典科斯、云达不来梅、阿贾克斯、费耶诺德、纽伦堡、勒沃库森、阿尔勒阿维尼翁、沙尔克04、帕纳托利克斯、利雅得胜利

国家队数据： 88场25球

欧洲杯正赛数据： 9场4球

欧洲杯预选赛数据： 17场7球

欧洲杯最佳战绩： 2004年冠军

一头成名

打入决赛我就挂靴

50

2004年欧洲杯，希腊队前锋查里斯特亚斯“一头成名”，他在对阵东道主葡萄牙队的决赛中用一记头球帮助希腊队夺得了欧洲杯冠军。在欧洲杯开赛前，查里斯特亚斯甚至和队友开玩笑说：“如果希腊队打入决赛，我就挂靴。”最终，查里斯特亚斯在6场比赛中打入3球，和队友一起书写了“希腊神话”。